信访工作条例学习问答

含条文对照·典型案例

法律出版社法规中心／编

法律出版社
LAW PRESS · CHINA
北京

图书在版编目(CIP)数据

信访工作条例学习问答：含条文对照·典型案例 / 法律出版社法规中心编. -- 北京：法律出版社，2022(2022.5 重印)
ISBN 978-7-5197-6579-8

Ⅰ. ①信… Ⅱ. ①法… Ⅲ. ①信访工作-条例-中国-问题解答 Ⅳ. ①D922.182.5

中国版本图书馆 CIP 数据核字(2022)第 049519 号

信访工作条例学习问答：含条文对照·典型案例
XINFANG GONGZUO TIAOLI XUEXI WENDA: HAN TIAOWEN DUIZHAO · DIANXING ANLI

法律出版社法规中心 编

责任编辑 陶玉霞 董昱
装帧设计 汪奇峰

出版发行 法律出版社
编辑统筹 法规出版分社
责任校对 张红蕊
责任印制 耿润瑜
经　　销 新华书店

开本 A5
印张 4.375　　字数 87 千
版本 2022 年 4 月第 1 版
印次 2022 年 5 月第 5 次印刷
印刷 固安华明印业有限公司

地址：北京市丰台区莲花池西里 7 号(100073)
网址：www.lawpress.com.cn
投稿邮箱：info@lawpress.com.cn
举报盗版邮箱：jbwq@lawpress.com.cn
销售电话：010-83938349
客服电话：010-83938350
咨询电话：010-63939796

书号：ISBN 978-7-5197-6579-8　　定价：20.00 元
凡购买本社图书，如有印装错误，我社负责退换。电话：010-83938349

目　录

学习问答

第一章　总　　则

第二章　信访工作体制

第三章　信访事项的提出和受理

第四章　信访事项的办理

第五章　监督和追责

附　录

学习问答

第一章　总　　则

01 《信访工作条例》的立法目的是什么？

答：《信访工作条例》的立法目的是：坚持和加强党对信访工作的全面领导，做好新时代信访工作，保持党和政府同人民群众的密切联系。

02 《信访工作条例》的适用范围是什么？

答：《信访工作条例》的适用范围是：各级党的机关、人大机关、行政机关、政协机关、监察机关、审判机关、检察机关以及群团组织、国有企事业单位等开展信访工作。

03 信访工作的重要性是什么？

答：信访工作是党的群众工作的重要组成部分，是党和政府了解民情、集中民智、维护民利、凝聚民心的一项重要工作，是各级机关、单位及其领导干部、工作人员接受群众监督、改进工作作风的重要途径。

04 信访工作的指导思想是什么?

答: 信访工作坚持以马克思列宁主义、毛泽东思想、邓小平理论、“三个代表”重要思想、科学发展观、习近平新时代中国特色社会主义思想为指导。

05 信访工作的任务是什么?

答: 信访工作的任务是:贯彻落实习近平总书记关于加强和改进人民信访工作的重要思想,增强“四个意识”、坚定“四个自信”、做到“两个维护”,牢记为民解难、为党分忧的政治责任,坚守人民情怀,坚持底线思维、法治思维,服务党和国家工作大局,维护群众合法权益,化解信访突出问题,促进社会和谐稳定。

06 信访工作应当遵循哪些原则?

答: 信访工作应当遵循以下原则:

(1)坚持党的全面领导。把党的领导贯彻到信访工作各方面和全过程,确保正确政治方向。

(2)坚持以人民为中心。践行党的群众路线,倾听群众呼声,关心群众疾苦,千方百计为群众排忧解难。

(3)坚持落实信访工作责任。党政同责、一岗双责,属地管理、分级负责，谁主管、谁负责。

（4）坚持依法按政策解决问题。将信访纳入法治化轨道，依法维护群众权益、规范信访秩序。

（5）坚持源头治理化解矛盾。多措并举、综合施策，着力点放在源头预防和前端化解，把可能引发信访问题的矛盾纠纷化解在基层、化解在萌芽状态。

07 在信访工作中，对各级机关、单位的总要求是什么？

答：各级机关、单位应当畅通信访渠道，做好信访工作，认真处理信访事项，倾听人民群众建议、意见和要求，接受人民群众监督，为人民群众服务。

第二章　信访工作体制

08 要构建什么样的信访工作格局？

答：坚持和加强党对信访工作的全面领导，构建党委统一领导、政府组织落实、信访工作联席会议协调、信访部门推动、各方齐抓共管的信访工作格局。

09 党中央在信访工作中的职责是什么？

答：党中央加强对信访工作的统一领导：

（1）强化政治引领，确立信访工作的政治方向和政治原则，严明政治纪律和政治规矩。

（2）制定信访工作方针政策，研究部署信访工作中事关党和国家工作大局、社会和谐稳定、群众权益保障的重大改革措施。

（3）领导建设一支对党忠诚可靠、恪守为民之责、善做群众工作的高素质专业化信访工作队伍，为信访工作提供组织保证。

10 在信访工作中，对地方党委的总要求是什么？

答：地方党委领导本地区信访工作，贯彻落实党中央关于信访工作的方针政策和决策部署，执行上级党组织关于信访工作的部署要求，统筹信访工作责任体系构建，支持和督促下级党组织做好信访工作。

11 地方党委常委会在信访工作中的职责是什么？

答：地方党委常委会在信访工作中的职责是：定期听取信访工作汇报，分析形势，部署任务，研究重大事项，解决突出问题。

12 在信访工作中，对各级政府的总要求是什么？

答：各级政府贯彻落实上级党委和政府以及本级党委关于信访工作的部署要求，科学民主决策、依法履行职责，组织各方力量加强矛盾纠纷排查化解，及时妥善处理信访事项，研究解决政策性、群体性信访突出问题和疑难复杂信访问题。

13 什么是中央信访工作联席会议？

答：中央信访工作联席会议在党中央、国务院领导下，负责全国信访工作的统筹协调、整体推进、督促落实。

中央信访工作联席会议办公室设在国家信访局，承担联席会议的日常工作，督促检查联席会议议定事项的落实。

14 中央信访工作联席会议的职责是什么？

答：中央信访工作联席会议履行下列职责：

（1）研究分析全国信访形势，为中央决策提供参考。

（2）督促落实党中央关于信访工作的方针政策和决策部署。

（3）研究信访制度改革和信访法治化建设重大问题和事项。

（4）研究部署重点工作任务，协调指导解决具有普遍性的信访突出问题。

（5）领导组织信访工作责任制落实、督导考核等工作。

（6）指导地方各级信访工作联席会议工作。

（7）承担党中央、国务院交办的其他事项。

15 中央信访工作联席会议的工作机制是什么？

答：中央信访工作联席会议根据工作需要召开全体会议或者工作会议。研究涉及信访工作改革发展的重大问题和重要信访事项的处理意见，应当及时向党中央、国务院请示报告。

中央信访工作联席会议由党中央、国务院领导同志以及有关部门负责同志担任召集人，各成员单位负责同志参加。

中央信访工作联席会议各成员单位应当落实联席会议确定的工作任务和议定事项，及时报送落实情况；及时将本领域重大敏感信访问题提请联席会议研究。

16 地方各级信访工作联席会议的职责是什么？

答：地方各级信访工作联席会议在本级党委和政府领导下，负责本地区信访工作的统筹协调、整体推进、督促落实，协调处理发生在本地区的重要信访问题，指导下级信访工作联席会议工作。

17 地方各级信访工作联席会议的工作机制是什么？

答：地方各级信访工作联席会议召集人一般由党委和政府负责同志担任。

地方党委和政府应当根据信访工作形势任务，及时调整成员单位，健全规章制度，建立健全信访信息分析研判、重大信访问题协调处理、联合督查等工作机制，提升联席会议工作的科学化、制度化、规范化水平。

根据工作需要，乡镇党委和政府、街道党工委和办事处可以建立信访工作联席会议机制，或者明确党政联席会定期研究本地区信访工作，协调处理发生在本地区的重要信访问题。

18 各级党委和政府信访部门的职责是什么?

答: 各级党委和政府信访部门是开展信访工作的专门机构,履行下列职责:

(1) 受理、转送、交办信访事项。

(2) 协调解决重要信访问题。

(3) 督促检查重要信访事项的处理和落实。

(4) 综合反映信访信息,分析研判信访形势,为党委和政府提供决策参考。

(5) 指导本级其他机关、单位和下级的信访工作。

(6) 提出改进工作、完善政策和追究责任的建议。

(7) 承担本级党委和政府交办的其他事项。

19 各级党委和政府信访部门以外的其他机关、单位在信访工作中的职责是什么?

答: 各级党委和政府信访部门以外的其他机关、单位在信访工作中的职责是:根据信访工作形势任务,明确负责信访工作的机构或者人员,参照党委和政府信访部门职责,明确相应的职责。

20　各级党委和政府以外的其他机关、单位在信访工作中的职责是什么？

答：各级党委和政府以外的其他机关、单位应当做好各自职责范围内的信访工作，按照规定及时受理办理信访事项，预防和化解政策性、群体性信访问题，加强对下级机关、单位信访工作的指导。

21　各级机关、单位在信访工作中的职责是什么？

答：各级机关、单位在信访工作中的职责是：

（1）各级机关、单位应当拓宽社会力量参与信访工作的制度化渠道，发挥群团组织、社会组织和“两代表一委员”、社会工作者等作用，反映群众意见和要求，引导群众依法理性反映诉求、维护权益，推动矛盾纠纷及时有效化解。

（2）各级机关、单位应当建立健全年轻干部和新录用干部到信访工作岗位锻炼制度。

22　乡镇党委和政府、街道党工委和办事处以及村（社区）“两委”在信访工作中的职责是什么？

答：乡镇党委和政府、街道党工委和办事处以及村（社区）“两委”应当全面发挥职能作用，坚持和发展新时代“枫桥经验”，积极协调处理化解发生在当地的信访事项和矛盾纠纷，努力做到小事不出村、大事不出镇、矛盾不上交。

23 各级党委和政府在信访工作中的职责是什么？

答：各级党委和政府在信访工作中的职责是：

（1）各级党委和政府应当加强信访部门建设，选优配强领导班子，配备与形势任务相适应的工作力量，建立健全信访督查专员制度，打造高素质专业化信访干部队伍。

（2）各级党委和政府应当为信访工作提供必要的支持和保障，所需经费列入本级预算。

24 各级党委和政府信访部门主要负责同志由谁担任？

答：各级党委和政府信访部门主要负责同志应当由本级党委或者政府副秘书长〔办公厅（室）副主任〕兼任。

25 各级党校（行政学院）在信访工作中的职责是什么？

答：各级党校（行政学院）应当将信访工作作为党性教育内容纳入教学培训，加强干部教育培训。

第三章　信访事项的提出和受理

26　什么是信访人？

答：采用信息网络、书信、电话、传真、走访等形式，向各级机关、单位反映情况，提出建议、意见或者投诉请求的公民、法人或者其他组织，称信访人。

27　信访人可以采用哪些形式提出信访事项？

答：公民、法人或者其他组织可以采用信息网络、书信、电话、传真、走访等形式，向各级机关、单位反映情况，提出建议、意见或者投诉请求。

28　各级机关、单位应当为信访人提供哪些便利条件？

答：各级机关、单位应当向社会公布网络信访渠道、通信地址、咨询投诉电话、信访接待的时间和地点、查询信访事项处理进展以及结果的方式等相关事项，在其信访接待场所或者网站公布与信访工作有关的党内法规和法律、法规、规章，信访事项的处理程序，以及其他为信访人提供便利的相关事项。

各级机关、单位领导干部应当阅办群众来信和网上信访、定期接待群众来访、定期下访，包案化解群众反映强烈的突出问题。

29 市、县级党委和政府应当为信访人提供哪些便利条件？

答：市、县级党委和政府应当建立和完善联合接访工作机制，根据工作需要组织有关机关、单位联合接待，一站式解决信访问题。

30 信访人提出信访事项应遵守哪些要求？

答：信访人一般应当采用书面形式提出信访事项，并载明其姓名（名称）、住址和请求、事实、理由。

信访人提出信访事项，应当客观真实，对其所提供材料内容的真实性负责，不得捏造、歪曲事实，不得诬告、陷害他人。

31 信访事项已经受理或者正在办理的，信访人在规定期限内向受理、办理机关、单位的上级机关、单位又提出同一信访事项的，上级机关、单位是否受理？

答：信访事项已经受理或者正在办理的，信访人在规定期限内向受理、办理机关、单位的上级机关、单位又提出同一信访事项的，上级机关、单位不予受理。

32 信访人采用走访形式提出信访事项应当注意什么？

答：信访人采用走访形式提出信访事项，应当注意以下几点：

（1）信访人采用走访形式提出信访事项的，应当到有权处理的本级或者上一级机关、单位设立或者指定的接待场所提出。

（2）信访人采用走访形式提出涉及诉讼权利救济的信访事项，应当按照法律法规规定的程序向有关政法部门提出。

（3）多人采用走访形式提出共同的信访事项的，应当推选代表，代表人数不得超过5人。

33 各级党委和政府、各级机关和单位如何推进信访信息系统建设?

答: 各级党委和政府应当加强信访工作信息化、智能化建设，依规依法有序推进信访信息系统互联互通、信息共享。

各级机关、单位应当及时将信访事项录入信访信息系统，使网上信访、来信、来访、来电在网上流转，方便信访人查询、评价信访事项办理情况。

34 各级党委和政府信访部门如何处理信访事项?

答: 各级党委和政府信访部门收到信访事项，应当予以登记，并区分情况，在 15 日内分别按照下列方式处理:

（1）对依照职责属于本级机关、单位或者其工作部门处理决定的，应当转送有权处理的机关、单位；情况重大、紧急的，应当及时提出建议，报请本级党委和政府决定。

（2）涉及下级机关、单位或者其工作人员的，按照“属地管理、分级负责，谁主管、谁负责”的原则，转送有权处理的机关、单位。

（3）对转送信访事项中的重要情况需要反馈办理结果的，可以交由有权处理的机关、单位办理，要求其在指定办理期限内反馈结果，提交办结报告。

各级党委和政府信访部门对收到的涉法涉诉信件，应当转送同级政法部门依法处理；对走访反映涉诉问题的信访人，应当释法明理，引导其向有关政法部门反映问题。对属于纪检监察机关受理的检举控告类信访事项，应当按照管理权限转送有关纪检监察机关依规依纪依法处理。

35　党委和政府信访部门以外的其他机关、单位收到信访人直接提出的信访事项，如何处理？

答：党委和政府信访部门以外的其他机关、单位收到信访人直接提出的信访事项，应当予以登记；对属于本机关、单位职权范围的，应当告知信访人接收情况以及处理途径和程序；对属于本系统下级机关、单位职权范围的，应当转送、交办有权处理的机关、单位，并告知信访人转送、交办去向；对不属于本机关、单位或者本系统职权范围的，应当告知信访人向有权处理的机关、单位提出。

36　对信访人直接提出的信访事项，如何告知信访人？

答：对信访人直接提出的信访事项，有关机关、单位能够当场告知的，应当当场书面告知；不能当场告知的，应当自收到信访事项之日起 15 日内书面告知信访人，但信访人的姓名（名称）、住址不清的除外。

37 对转送、交办的信访事项，有关机关、单位应如何处理？

答：对党委和政府信访部门或者本系统上级机关、单位转送、交办的信访事项，属于本机关、单位职权范围的，有关机关、单位应当自收到之日起15日内书面告知信访人接收情况以及处理途径和程序；不属于本机关、单位或者本系统职权范围的，有关机关、单位应当自收到之日起5个工作日内提出异议，并详细说明理由，经转送、交办的信访部门或者上级机关、单位核实同意后，交还相关材料。

38 对涉及两个或者两个以上机关、单位的信访事项，如何处理？

答：涉及两个或者两个以上机关、单位的信访事项，由所涉及的机关、单位协商受理；受理有争议的，由其共同的上一级机关、单位决定受理机关；受理有争议且没有共同的上一级机关、单位的，由共同的信访工作联席会议协调处理。

39 应当对信访事项作出处理的机关、单位分立、合并、撤销的，如何处理？

答：应当对信访事项作出处理的机关、单位分立、合并、撤销的，由继续行使其职权的机关、单位受理；职责不清的，由本级党委和政府或者其指定的机关、单位受理。

40　针对可能造成社会影响的重大、紧急信访事项和信访信息，如何处理？

答：各级机关、单位对可能造成社会影响的重大、紧急信访事项和信访信息，应当及时报告本级党委和政府，通报相关主管部门和本级信访工作联席会议办公室，在职责范围内依法及时采取措施，防止不良影响的产生、扩大。

地方各级党委和政府信访部门接到重大、紧急信访事项和信访信息，应当向上一级信访部门报告，同时报告国家信访局。

41　信访人在信访过程中被禁止的行为有哪些？

答：信访人在信访过程中应当遵守法律、法规，不得损害国家、社会、集体的利益和其他公民的合法权利，自觉维护社会公共秩序和信访秩序，不得有下列行为：

（1）在机关、单位办公场所周围、公共场所非法聚集，围堵、冲击机关、单位，拦截公务车辆，或者堵塞、阻断交通。

（2）携带危险物品、管制器具。

（3）侮辱、殴打、威胁机关、单位工作人员，非法限制他人人身自由，或者毁坏财物。

（4）在信访接待场所滞留、滋事，或者将生活不能自理的人弃留在信访接待场所。

（5）煽动、串联、胁迫、以财物诱使、幕后操纵他人信访，或者以信访为名借机敛财。

（6）其他扰乱公共秩序、妨害国家和公共安全的行为。

第四章　信访事项的办理

42　各级机关、单位及其工作人员应如何对待群众的诉求？

答：各级机关、单位及其工作人员应当根据各自职责和有关规定，按照诉求合理的解决问题到位、诉求无理的思想教育到位、生活困难的帮扶救助到位、行为违法的依法处理的要求，依法按政策及时就地解决群众合法合理诉求，维护正常信访秩序。

43　各级机关、单位及其工作人员办理信访事项应当遵循什么？

答：各级机关、单位及其工作人员办理信访事项，应当恪尽职守、秉公办事，查明事实、分清责任，加强教育疏导，及时妥善处理，不得推诿、敷衍、拖延。

44 如何理解诉讼与信访分离制度?

答: 诉讼与信访分离制度，就是要求各级机关、单位将涉及民事、行政、刑事等诉讼权利救济的信访事项从普通信访体制中分离出来，由有关政法部门依法处理。

45 各级机关、单位工作人员在什么情况下应当回避?

答: 各级机关、单位工作人员与信访事项或者信访人有直接利害关系的，应当回避。

46 对信访人提出的具有可行性的建议应如何处理?

答: 对信访人反映的情况、提出的建议意见类事项，有权处理的机关、单位应当认真研究论证。对科学合理、具有现实可行性的，应当采纳或者部分采纳，并予以回复。

47 信访人反映的哪些情况、提出的哪些建议意见，应给予奖励?

答: 信访人反映的情况、提出的建议意见，对国民经济和社会发展或者对改进工作以及保护社会公共利益有贡献的，应当按照有关规定给予奖励。

48　对信访人提出的检举控告类事项应如何办理？

答：对信访人提出的检举控告类事项，纪检监察机关或者有权处理的机关、单位应当依规依纪依法接收、受理、办理和反馈。党委和政府信访部门应当按照干部管理权限向组织（人事）部门通报反映干部问题的信访情况，重大情况向党委主要负责同志和分管组织（人事）工作的负责同志报送。组织（人事）部门应当按照干部选拔任用监督的有关规定进行办理。

49　应如何对待信访人的检举、揭发材料以及有关情况？

答：不得将信访人的检举、揭发材料以及有关情况透露或者转给被检举、揭发的人员或者单位。

50　对信访人提出的申诉求决类事项应如何办理？

答：对信访人提出的申诉求决类事项，有权处理的机关、单位应当区分情况，分别按照下列方式办理：

（1）应当通过审判机关诉讼程序或者复议程序、检察机关刑事立案程序或者法律监督程序、公安机关法律程序处理的，涉法涉诉信访事项未依法终结的，按照法律法规规定的程序处理。

（2）应当通过仲裁解决的，导入相应程序处理。

（3）可以通过党员申诉、申请复审等解决的，导入相应程序处理。

（4）可以通过行政复议、行政裁决、行政确认、行政许可、行政处罚等行政程序解决的，导入相应程序处理。

（5）属于申请查处违法行为、履行保护人身权或者财产权等合法权益职责的，依法履行或者答复。

（6）不属于以上情形的，应当听取信访人陈述事实和理由，并调查核实，出具信访处理意见书。对重大、复杂、疑难的信访事项，可以举行听证。

51 信访处理意见书应载明哪些事项？

答：信访处理意见书应当载明信访人投诉请求、事实和理由、处理意见及其法律法规依据。

52 对请求事实清楚，符合法律、法规、规章或者其他有关规定的信访事项，应如何处理？

答：信访事项如果请求事实清楚，符合法律、法规、规章或者其他有关规定，有权处理的机关、单位应当予以支持。

有权处理的机关、单位作出支持信访请求意见的，应当督促有关机关、单位执行。

53　对请求事由合理但缺乏法律依据的信访事项，应如何处理？

答：对于请求事由合理但缺乏法律依据的信访事项，有权处理的机关、单位应当作出解释说明。

54　对请求缺乏事实根据或者不符合法律、法规、规章或者其他有关规定的信访事项，应如何处理？

答：信访事项如果请求缺乏事实根据或者不符合法律、法规、规章或者其他有关规定，有权处理的机关、单位应当不予支持。

有权处理的机关、单位作出不予支持信访请求意见的，应当做好信访人的疏导教育工作。

55　什么情况下可以调解、和解？

答：各级机关、单位在处理申诉求决类事项过程中，可以在不违反政策法规强制性规定的情况下，在裁量权范围内，经争议双方当事人同意进行调解；可以引导争议双方当事人自愿和解。经调解、和解达成一致意见的，应当制作调解协议书或者和解协议书。

56 对《信访工作条例》第 31 条第 6 项规定的信访事项的办结时间是如何规定的？

答：对《信访工作条例》第 31 条第 6 项规定的信访事项应当自受理之日起 60 日内办结；情况复杂的，经本机关、单位负责人批准，可以适当延长办理期限，但延长期限不得超过 30 日，并告知信访人延期理由。

57 信访人对信访处理意见不服的，可以在多少日内请求复查？

答：信访人对信访处理意见不服的，可以自收到书面答复之日起 30 日内请求原办理机关、单位的上一级机关、单位复查。

58 收到复查请求的机关、单位应当在多少日内提出复查意见？

答：收到复查请求的机关、单位应当自收到复查请求之日起 30 日内提出复查意见，并予以书面答复。

59 信访人对复查意见不服的，可以在多少日内请求复核？

答：信访人对复查意见不服的，可以自收到书面答复之日起 30 日内向复查机关、单位的上一级机关、单位请求复核。

60　收到复核请求的机关、单位应当在多少日内提出复核意见？

收到复核请求的机关、单位应当自收到复核请求之日起30日内提出复核意见。

61　对什么样的信访事项可以举行听证？

答：对重大、复杂、疑难的信访事项，复核机关、单位可以举行听证，经过听证的复核意见可以依法向社会公示。听证所需时间不计算在提出复核意见的30日期限内。

62　信访人对复核意见不服，仍以同一事实和理由提出的投诉请求，能否被受理？

答：信访人对复核意见不服，仍然以同一事实和理由提出投诉请求的，各级党委和政府信访部门和其他机关、单位不再受理。

63　对生活困难的信访人，有何救助渠道？

答：各级机关、单位在办理信访事项时，对生活确有困难的信访人，可以告知或者帮助其向有关机关或者机构依法申请社会救助。符合国家司法救助条件的，有关政法部门应当按照规定给予司法救助。

第五章　监督和追责

64 如何对信访工作进行督查?

答：各级党委和政府应当对开展信访工作、落实信访工作责任的情况组织专项督查。

信访工作联席会议及其办公室、党委和政府信访部门应当根据工作需要开展督查，就发现的问题向有关地方和部门进行反馈，重要问题向本级党委和政府报告。

各级党委和政府督查部门应当将疑难复杂信访问题列入督查范围。

65 如何对信访工作进行考核?

答：各级党委和政府应当以依规依法及时就地解决信访问题为导向，每年对信访工作情况进行考核。考核结果应当在适当范围内通报，并作为对领导班子和有关领导干部综合考核评价的重要参考。

66 对信访工作成绩突出的机关、单位或者个人，可否给予表彰和奖励？

答：对在信访工作中作出突出成绩和贡献的机关、单位或者个人，可以按照有关规定给予表彰和奖励。

67 对在信访工作中履职不力、存在严重问题的领导班子和领导干部如何处理？

答：对在信访工作中履职不力、存在严重问题的领导班子和领导干部，视情节轻重，由信访工作联席会议进行约谈、通报、挂牌督办，责令限期整改。

68 对违反规定受理、办理信访事项，办理信访事项推诿、敷衍、拖延、弄虚作假或拒不执行信访处理意见等行为，党委和政府信访部门有何举措？

答：党委和政府信访部门发现有关机关、单位存在违反信访工作规定受理、办理信访事项，办理信访事项推诿、敷衍、拖延、弄虚作假或者拒不执行信访处理意见等情形的，应当及时督办，并提出改进工作的建议。

对在信访工作中推诿、敷衍、拖延、弄虚作假造成严重后果的机关、单位及其工作人员，应当向有管理权限的机关、单位提出追究责任的建议。

69 对信访工作中发现的政策性问题，应如何处理？

答：对工作中发现的有关政策性问题，应当及时向本级党委和政府报告，并提出完善政策的建议。

70 对信访部门提出的建议，有关机关、单位应如何处理？

答：对信访部门提出的改进工作、完善政策、追究责任的建议，有关机关、单位应当书面反馈采纳情况。

71 信访情况年度报告包括哪些内容？

答：党委和政府信访部门应当编制信访情况年度报告，每年向本级党委和政府、上一级党委和政府信访部门报告。年度报告应当包括下列内容：

（1）信访事项的数据统计、信访事项涉及领域以及被投诉较多的机关、单位。

（2）党委和政府信访部门转送、交办、督办情况。

（3）党委和政府信访部门提出改进工作、完善政策、追究责任建议以及被采纳情况。

（4）其他应当报告的事项。

72　党委和政府信访部门应当向巡视巡察机构提供哪些情况？

答：根据巡视巡察工作需要，党委和政府信访部门应当向巡视巡察机构提供被巡视巡察地区、单位领导班子及其成员和下一级主要负责人有关信访举报，落实信访工作责任制，具有苗头性、倾向性的重要信访问题，需要巡视巡察工作关注的重要信访事项等情况。

73　因超越或者滥用职权导致信访事项发生的，如何处理？

答：超越或者滥用职权，侵害公民、法人或者其他组织合法权益，导致信访事项发生，造成严重后果的，对直接负责的主管人员和其他直接责任人员，依规依纪依法严肃处理；构成犯罪的，依法追究刑事责任。

74　因不作为导致信访事项发生的，如何处理？

答：应当作为而不作为，侵害公民、法人或者其他组织合法权益，导致信访事项发生，造成严重后果的，对直接负责的主管人员和其他直接责任人员，依规依纪依法严肃处理；构成犯罪的，依法追究刑事责任。

75 因适用法律、法规错误或者违反法定程序导致信访事项发生的，如何处理？

答：适用法律、法规错误或者违反法定程序，侵害公民、法人或者其他组织合法权益，导致信访事项发生，造成严重后果的，对直接负责的主管人员和其他直接责任人员，依规依纪依法严肃处理；构成犯罪的，依法追究刑事责任。

76 各级党委和政府信访部门对收到的信访事项处置不当的，如何处理？

答：各级党委和政府信访部门对收到的信访事项应当登记、转送、交办而未按照规定登记、转送、交办，或者应当履行督办职责而未履行的，由其上级机关责令改正；造成严重后果的，对直接负责的主管人员和其他直接责任人员依规依纪依法严肃处理。

77 负有受理信访事项职责的机关、单位对收到的信访事项不按照规定登记的，如何处理？

答：负有受理信访事项职责的机关、单位对收到的信访事项不按照规定登记的，由其上级机关、单位责令改正；造成严重后果的，对直接负责的主管人员和其他直接责任人员依规依纪依法严肃处理。

78　负有受理信访事项职责的机关、单位对属于其职权范围的信访事项不予受理的，如何处理？

答：负有受理信访事项职责的机关、单位对属于其职权范围的信访事项不予受理的，由其上级机关、单位责令改正；造成严重后果的，对直接负责的主管人员和其他直接责任人员依规依纪依法严肃处理。

79　负有受理信访事项职责的机关、单位未在规定期限内书面告知信访人是否受理信访事项的，如何处理？

答：负有受理信访事项职责的机关、单位未在规定期限内书面告知信访人是否受理信访事项的，由其上级机关、单位责令改正；造成严重后果的，对直接负责的主管人员和其他直接责任人员依规依纪依法严肃处理。

80　推诿、敷衍、拖延信访事项办理或者未在规定期限内办结信访事项的，如何处理？

答：对信访事项有权处理的机关、单位，推诿、敷衍、拖延信访事项办理或者未在规定期限内办结信访事项的，由其上级机关、单位责令改正；造成严重后果的，对直接负责的主管人员和其他直接责任人员依规依纪依法严肃处理。

81 对事实清楚，符合法律、法规、规章或者其他有关规定的投诉请求未予支持的，如何处理？

答：对信访事项有权处理的机关、单位，对事实清楚，符合法律、法规、规章或者其他有关规定的投诉请求未予支持的，由其上级机关、单位责令改正；造成严重后果的，对直接负责的主管人员和其他直接责任人员依规依纪依法严肃处理。

82 对党委和政府信访部门提出的改进工作、完善政策等建议重视不够、落实不力，导致问题长期得不到解决的，如何处理？

答：对信访事项有权处理的机关、单位，对党委和政府信访部门提出的改进工作、完善政策等建议重视不够、落实不力，导致问题长期得不到解决的，由其上级机关、单位责令改正；造成严重后果的，对直接负责的主管人员和其他直接责任人员依规依纪依法严肃处理。

83 对对待信访人态度恶劣、作风粗暴，损害党群干群关系的行为，如何处理？

答：有关机关、单位及其领导干部、工作人员对待信访人态度恶劣、作风粗暴，损害党群干群关系的，由其上级机关、单位责令改正；造成严重后果的，对直接负责的主管人员和其他直接责任人员依规依纪依法严肃处理；构成犯罪的，依法追究刑事责任。

84　对在处理信访事项过程中吃拿卡要、谋取私利的行为，如何处理？

答：有关机关、单位及其领导干部、工作人员，在处理信访事项过程中吃拿卡要、谋取私利的，由其上级机关、单位责令改正；造成严重后果的，对直接负责的主管人员和其他直接责任人员依规依纪依法严肃处理；构成犯罪的，依法追究刑事责任。

85　对规模性集体访、负面舆情等处置不力，导致事态扩大的行为，如何处理？

答：有关机关、单位及其领导干部、工作人员对规模性集体访、负面舆情等处置不力，导致事态扩大的，由其上级机关、单位责令改正；造成严重后果的，对直接负责的主管人员和其他直接责任人员依规依纪依法严肃处理；构成犯罪的，依法追究刑事责任。

86 对可能造成社会影响的重大、紧急信访事项和信访信息隐瞒、谎报、缓报，或者未依法及时采取必要措施的行为，如何处理？

答：有关机关、单位及其领导干部、工作人员，对可能造成社会影响的重大、紧急信访事项和信访信息隐瞒、谎报、缓报，或者未依法及时采取必要措施的，由其上级机关、单位责令改正；造成严重后果的，对直接负责的主管人员和其他直接责任人员依规依纪依法严肃处理；构成犯罪的，依法追究刑事责任。

87 打击报复信访人的，如何处理？

答：有关机关、单位及其领导干部、工作人员打击报复信访人的，由其上级机关、单位责令改正；造成严重后果的，对直接负责的主管人员和其他直接责任人员依规依纪依法严肃处理；构成犯罪的，依法追究刑事责任。

88 信访人滋事扰序、缠访闹访情节严重的，如何处理？

答：信访人滋事扰序、缠访闹访情节严重，构成违反治安管理行为的，或者违反集会游行示威相关法律法规的，由公安机关依法采取必要的现场处置措施、给予治安管理处罚；构成犯罪的，依法追究刑事责任。

89 信访人捏造歪曲事实、诬告陷害他人的，如何处理？

答： 信访人捏造歪曲事实、诬告陷害他人，构成违反治安管理行为的，依法给予治安管理处罚；构成犯罪的，依法追究刑事责任。

第六章　附　　则

90 对外国人、无国籍人、外国组织的信访事项，如何处理？

答： 对外国人、无国籍人、外国组织信访事项的处理，参照《信访工作条例》执行。

91 《信访工作条例》由谁负责解释？

答：《信访工作条例》由国家信访局负责解释。

92 《信访工作条例》何时实施？

答：《信访工作条例》自2022年5月1日起施行。

附　　录

附录一

《信访条例》与《信访工作条例》条文对照表[①]

2005年《信访条例》	2022年《信访工作条例》
第一章　总　　则	第一章　总　　则
第一条　为了保持**各级人民政**府同人民群众的密切联系，**保护信访人的合法权益，维护信访秩序，**制定本条例。	第一条　为了**坚持和加强党对信访工作的全面领导，做好新时代信访工作，**保持**党和**政府同人民群众的密切联系，制定本条例。
第四十九条　社会团体、企业事业单位**的**信访工作**参照**本条例**执行。**	**第二条　**本条例**适用于各级党的机关、人大机关、行政机关、政协机关、监察机关、审判机关、检察机关以及群团组织、国有企**事业单位**等开展**信访工作。
	第三条　信访工作是党的群众工作的重要组成部分，是党和政府了解民情、集中民智、维护民利、凝聚民心的一项重要工作，是各级机关、单位及其领导干部、工作人员接受群众监督、改进工作作风的重要途径。

① 为便于读者理解，编者对2005年《信访条例》条文和2022年《信访工作条例》条文有重要变化的部分，均用“**黑体**”字体现。

续表

2005 年《信访条例》	2022 年《信访工作条例》
	第四条　信访工作坚持以马克思列宁主义、毛泽东思想、邓小平理论、“三个代表”重要思想、科学发展观、习近平新时代中国特色社会主义思想为指导，贯彻落实习近平总书记关于加强和改进人民信访工作的重要思想，增强“四个意识”、坚定“四个自信”、做到“两个维护”，牢记为民解难、为党分忧的政治责任，坚守人民情怀，坚持底线思维、法治思维，服务党和国家工作大局，维护群众合法权益，化解信访突出问题，促进社会和谐稳定。
第四条　信访工作应当**在各级人民政府领导下**，坚持属地管理、分级负责，谁主管、谁负责，依法、**及时、就地**解决问题**与疏导教育相结合的**原则。	第五条　信访工作应当**遵循**下列原则： （一）坚持党的全面领导。把党的领导贯彻到信访工作各方面和全过程，确保正确政治方向。 （二）坚持以人民为中心。践行党的群众路线，倾听群众呼声，关心群众疾苦，千方百计为群众排忧解难。 （三）坚持**落实信访工作责任。党政同责、一岗双责**，属地管理、分级负责，谁主管、谁负责。 （四）坚持依法**按政策**解决问题。**将信访纳入法治化轨道，依法维护群众权益、规范信访秩序。** （五）坚持源头治理化解矛

续表

2005 年《信访条例》	2022 年《信访工作条例》
	盾。多措并举、综合施策，着力点放在源头预防和前端化解，把可能引发信访问题的矛盾纠纷化解在基层、化解在萌芽状态。
第三条第一款、第二款　各级人民政府、县级以上人民政府工作部门应当做好信访工作，认真处理来信、接待来访，倾听人民群众的意见、建议和要求，接受人民群众的监督，努力为人民群众服务。 各级人民政府、县级以上人民政府工作部门应当畅通信访渠道，为信访人采用本条例规定的形式反映情况，提出建议、意见或者投诉请求提供便利条件。	第六条　各级机关、单位应当畅通信访渠道，做好信访工作，认真处理信访事项，倾听人民群众建议、意见和要求，接受人民群众监督，为人民群众服务。
	第二章　信访工作体制
第五条第二款　县级以上人民政府应当建立统一领导、部门协调，统筹兼顾、标本兼治，各负其责、齐抓共管的信访工作格局，通过联席会议、建立排查调处机制、建立信访督查工作制度等方式，及时化解矛盾和纠纷。	第七条　坚持和加强党对信访工作的全面领导，构建党委统一领导、政府组织落实、信访工作联席会议协调、信访部门推动、各方齐抓共管的信访工作格局。
	第八条　党中央加强对信访工作的统一领导： （一）强化政治引领，确立信访工作的政治方向和政治原则，严明政治纪律和政治规矩； （二）制定信访工作方针政

续表

2005 年《信访条例》	2022 年《信访工作条例》
	策，研究部署信访工作中事关党和国家工作大局、社会和谐稳定、群众权益保障的重大改革措施； （三）领导建设一支对党忠诚可靠、恪守为民之责、善做群众工作的高素质专业化信访工作队伍，为信访工作提供组织保证。
	第九条　地方党委领导本地区信访工作，贯彻落实党中央关于信访工作的方针政策和决策部署，执行上级党组织关于信访工作的部署要求，统筹信访工作责任体系构建，支持和督促下级党组织做好信访工作。 地方党委常委会应当定期听取信访工作汇报，分析形势，部署任务，研究重大事项，解决突出问题。
第五条第一款　各级人民政府、县级以上人民政府工作部门应当科学、民主决策，依法履行职责，从源头上预防导致信访事项的矛盾和纠纷。	第十条　各级政府贯彻落实上级党委和政府以及本级党委关于信访工作的部署要求，科学民主决策、依法履行职责，组织各方力量加强矛盾纠纷排查化解，及时妥善处理信访事项，研究解决政策性、群体性信访突出问题和疑难复杂信访问题。
	第十一条　中央信访工作联席会议在党中央、国务院领导下，负责全国信访工作的统筹协调、整体推进、督促落实，履行下列职责： （一）研究分析全国信访形

续表

2005 年《信访条例》	2022 年《信访工作条例》
	势，为中央决策提供参考； （二）督促落实党中央关于信访工作的方针政策和决策部署； （三）研究信访制度改革和信访法治化建设重大问题和事项； （四）研究部署重点工作任务，协调指导解决具有普遍性的信访突出问题； （五）领导组织信访工作责任制落实、督导考核等工作； （六）指导地方各级信访工作联席会议工作； （七）承担党中央、国务院交办的其他事项。 中央信访工作联席会议由党中央、国务院领导同志以及有关部门负责同志担任召集人，各成员单位负责同志参加。中央信访工作联席会议办公室设在国家信访局，承担联席会议的日常工作，督促检查联席会议议定事项的落实。
	第十二条 中央信访工作联席会议根据工作需要召开全体会议或者工作会议。研究涉及信访工作改革发展的重大问题和重要信访事项的处理意见，应当及时向党中央、国务院请示报告。 中央信访工作联席会议各成员单位应当落实联席会议确定的工作任务和议定事项，及时报送落实情

续表

2005 年《信访条例》	2022 年《信访工作条例》
	况；及时将本领域重大敏感信访问题提请联席会议研究。
	第十三条　地方各级信访工作联席会议在本级党委和政府领导下，负责本地区信访工作的统筹协调、整体推进、督促落实，协调处理发生在本地区的重要信访问题，指导下级信访工作联席会议工作。联席会议召集人一般由党委和政府负责同志担任。 地方党委和政府应当根据信访工作形势任务，及时调整成员单位，健全规章制度，建立健全信访信息分析研判、重大信访问题协调处理、联合督查等工作机制，提升联席会议工作的科学化、制度化、规范化水平。 根据工作需要，乡镇党委和政府、街道党工委和办事处可以建立信访工作联席会议机制，或者明确党政联席会定期研究本地区信访工作，协调处理发生在本地区的重要信访问题。
第六条　县级以上人民政府应当设立信访工作机构；县级以上人民政府工作部门及乡、镇人民政府应当按照有利工作、方便信访人的原则，确定负责信访工作的机构（以下简称信访工作机构）或者人员，具体负责信访工作。	第十四条　各级党委和政府信访部门是开展信访工作的专门机构，履行下列职责： （一）受理、转送、交办信访事项； （二）协调解决重要信访问题；

续表

2005 年《信访条例》	2022 年《信访工作条例》
县级以上人民政府信访工作机构是本级人民政府负责信访工作的行政机构，履行下列职责： （一）受理、交办、转送信访人提出的信访事项； （二）承办上级和本级人民政府交由处理的信访事项； （三）协调处理重要信访事项； （四）督促检查信访事项的处理； （五）研究、分析信访情况，开展调查研究，及时向本级人民政府提出完善政策和改进工作的建议； （六）对本级人民政府其他工作部门和下级人民政府信访工作机构的信访工作进行指导。	（三）督促检查重要信访事项的处理和落实； （四）综合反映信访信息，分析研判信访形势，为党委和政府提供决策参考； （五）指导本级其他机关、单位和下级的信访工作； （六）提出改进工作、完善政策和追究责任的建议； （七）承担本级党委和政府交办的其他事项。 各级党委和政府信访部门以外的其他机关、单位应当根据信访工作形势任务，明确负责信访工作的机构或者人员，参照党委和政府信访部门职责，明确相应的职责。
第十三条　设区的市、县两级人民政府可以根据信访工作的实际需要，建立政府主导、社会参与、有利于迅速解决纠纷的工作机制。 信访工作机构应当组织相关社会团体、法律援助机构、相关专业人员、社会志愿者等共同参与，运用咨询、教育、协商、调解、听证等方法，依法、及时、合理处理信访人的投诉请求。	第十五条　各级党委和政府以外的其他机关、单位应当做好各自职责范围内的信访工作，按照规定及时受理办理信访事项，预防和化解政策性、群体性信访问题，加强对下级机关、单位信访工作的指导。 各级机关、单位应当拓宽社会力量参与信访工作的制度化渠道，发挥群团组织、社会组织和“两代表一委员”、社会工作者等作用，反映群众意见和要求，引导群众依法理性反映诉求、维护权益，推动矛盾纠纷及时有效化解。

续表

2005 年《信访条例》	2022 年《信访工作条例》
	乡镇党委和政府、街道党工委和办事处以及村（社区）“两委”应当全面发挥职能作用，坚持和发展新时代“枫桥经验”，积极协调处理化解发生在当地的信访事项和矛盾纠纷，努力做到小事不出村、大事不出镇、矛盾不上交。
	第十六条　各级党委和政府应当加强信访部门建设，选优配强领导班子，配备与形势任务相适应的工作力量，建立健全信访督查专员制度，打造高素质专业化信访干部队伍。各级党委和政府信访部门主要负责同志应当由本级党委或者政府副秘书长〔办公厅（室）副主任〕兼任。 各级党校（行政学院）应当将信访工作作为党性教育内容纳入教学培训，加强干部教育培训。 各级机关、单位应当建立健全年轻干部和新录用干部到信访工作岗位锻炼制度。 各级党委和政府应当为信访工作提供必要的支持和保障，所需经费列入本级预算。
第十条　设区的市级、县级人民政府及其工作部门，乡、镇人民政府应当建立行政机关负责人信访接待日制度，由行政机关负责人协调处理信访事项。信访人可以在公布的接待日和接待地点向有关行政	

续表

2005 年《信访条例》	2022 年《信访工作条例》
机关负责人当面反映信访事项。 **县级以上人民政府及其工作部门负责人或者其指定的人员，可以就信访人反映突出的问题到信访人居住地与信访人面谈沟通。**	
	第三章 信访事项的提出和受理
第二条 本条例所称信访，是指公民、法人或者其他组织采用书信、**电子邮件**、传真、电话、走访等形式，向各级**人民政府、县级以上人民政府工作部门**反映情况，提出建议、意见或者投诉请求，依法**由有关行政**机关处理**的活动**。 采用前款规定的形式，反映情况，提出建议、意见或者投诉请求的公民、法人或者其他组织，称信访人。	**第十七条** 公民、法人或者其他组织**可以**采用**信息网络**、书信、电话、传真、走访等形式，向各级**机关、单位**反映情况，提出建议、意见或者投诉请求，有关机关、**单位应当依规**依法处理。 采用前款规定的形式，反映情况，提出建议、意见或者投诉请求的公民、法人或者其他组织，称信访人。
第二章 信 访 渠 道	
第九条 各级**人民政府、县级以上人民政府工作部门**应当向社会公布**信访工作机构的**通信地址、**电子信箱、**投诉电话、信访接待的时间和地点、查询信访事项处理进展及结果的方式等相关事项。 **各级人民政府、县级以上人民政府工作部门应当**在其信访接待场所或者网站公布与信访工作有关的法律、法规、规章，信访事项的处理程序，以及其他为信访人提供便利的相关事项。	**第十八条** 各级**机关、单位**应当向社会公布**网络信访渠道、**通信地址、**咨询**投诉电话、信访接待的时间和地点、查询信访事项处理进展以及结果的方式等相关事项，在其信访接待场所或者网站公布与信访工作有关的**党内法规和**法律、法规、规章，信访事项的处理程序，以及其他为信访人提供便利的相关事项。 各级**机关、单位领导干部**应当**阅办群众**来信**和网上信访、定期**接

续表

2005年《信访条例》	2022年《信访工作条例》
第五条第三款　各级人民政府、县级以上人民政府各工作部门的负责人应当阅批重要来信、接待重要来访、听取信访工作汇报，研究解决信访工作中的突出问题。	待群众来访、定期下访，包案化解群众反映强烈的突出问题。 市、县级党委和政府应当建立和完善联合接访工作机制，根据工作需要组织有关机关、单位联合接待，一站式解决信访问题。 任何组织和个人不得打击报复信访人。
第三条第三款　任何组织和个人不得打击报复信访人。	
第三章　信访事项的提出	
第十四条　信访人对下列组织、人员的职务行为反映情况，提出建议、意见，或者不服下列组织、人员的职务行为，可以向有关行政机关提出信访事项： （一）行政机关及其工作人员； （二）法律、法规授权的具有管理公共事务职能的组织及其工作人员； （三）提供公共服务的企业、事业单位及其工作人员； （四）社会团体或者其他企业、事业单位中由国家行政机关任命、派出的人员； （五）村民委员会、居民委员会及其成员。 对依法应当通过诉讼、仲裁、行政复议等法定途径解决的投诉请求，信访人应当依照有关法律、行政法规规定的程序向有关机关提出。	

续表

2005 年《信访条例》	2022 年《信访工作条例》
第十五条　信访人对各级人民代表大会以及县级以上各级人民代表大会常务委员会、人民法院、人民检察院职权范围内的信访事项，应当分别向有关的人民代表大会及其常务委员会、人民法院、人民检察院提出，并遵守本条例第十六条、第十七条、第十八条、第十九条、第二十条的规定。	
第十七条　信访人提出信访事项，一般应当采用**书信、电子邮件、传真等**书面形式；**信访人提出投诉请求的，还应当载明信访人的**姓名（名称）、住址和请求、事实、理由。 有关机关对采用口头形式提出的**投诉请求**，应当记录**信访人的姓名（名称）、住址和请求、事实、理由**。	**第十九条**　信访人一般应当采用书面形式提出信访事项，**并**载明**其**姓名（名称）、住址和请求、事实、理由。对采用口头形式提出的**信访事项**，有关机关、**单位**应当**如实**记录。 信访人提出信访事项，应当客观真实，对其所提供材料内容的真实性负责，不得捏造、歪曲事实，不得诬告、陷害他人。 信访事项已经受理或者正在办理的，信访人在规定期限内向受理、办理机关、**单位**的上级机关、**单位又**提出同一信访事项的，上级机关、**单位**不予受理。
第十九条　信访人提出信访事项，应当客观真实，对其所提供材料内容的真实性负责，不得捏造、歪曲事实，不得诬告、陷害他人。	
第十六条第二分句　信访事项已经受理或者正在办理的，信访人在规定期限内向受理、办理机关的上级机关**再**提出同一信访事项的，**该**上级机关不予受理。	

续表

2005 年《信访条例》	2022 年《信访工作条例》
第十六条第一分句 信访人采用走访形式提出信访事项，应当**向依法**有权处理的本级或者上一级机关提出； **第十八条** 信访人采用走访形式提出信访事项**的**，应当**到有关机关设立或者指定的接待场所**提出。 多人采用走访形式提出共同的信访事项的，应当推选代表，代表人数不得超过 5 人。	**第二十条** 信访人采用走访形式提出信访事项**的**，应当**到**有权处理的本级或者上一级机关**、单位设立或者指定的接待场所**提出。 信访人采用走访形式提出**涉及诉讼权利救济的**信访事项，应当**按照法律法规规定的程序向有关政法部门**提出。 多人采用走访形式提出共同的信访事项的，应当推选代表，代表人数不得超过 5 人。 **各级机关、单位应当落实**属地**责任，认真接待处理群众来访，把问题解决在当地，引导信访人就地反映问题**。
第十一条 国家信访工作机构充分利用现有政务信息网络资源，建立全国信访信息系统，为信访人在当地提出信访事项、查询信访事项办理情况提供便利。 **县级以上地方人民政府应当充分利用现有政务信息网络资源，建立或者确定本行政区域的信访信息系统，并与上级人民政府、政府有关部门、下级人民政府的**信访信息系统**实现**互联互通。 **第十二条 县级以上各级人民政府的信访工作机构或者有关工作部门**应当及时将信访人**的投诉请求**	**第二十一条 各级党委和政府应当加强信访工作信息化、智能化建设，依规依法有序推进**信访信息系统互联互通**、信息共享**。 **各级机关、单位**应当及时将信**访事项录入**信访信息系统**，使网上信访、来信、来访、来电在网上流转，方便信访人**查询**、评价信访事项**办理情况。

续表

2005 年《信访条例》	2022 年《信访工作条例》
输入信访信息系统，**信访人可以持行政机关出具的投诉请求受理凭证到当地人民政府的信访工作机构或者有关工作部门的接待场所**查询**其所提出的投诉请求的**办理情况。**具体实施办法和步骤由省、自治区、直辖市人民政府规定。**	
第四章　信访事项的受理	
第二十一条　**县级以上人民**政府信访**工作机构**收到信访事项，应当予以登记，并区分情况，在 15 日内分别按下列方式处理： （一）**对本条例第十五条规定的信访事项，应当告知信访人分别向有关的人民代表大会及其常务委员会、人民法院、人民检察院提出。对已经或者依法应当通过诉讼、仲裁、行政复议等法定途径解决的，不予受理，但应当告知信访人依照有关法律、行政法规规定程序向有关机关提出。** （二）对依照**法定**职责属于本级**人民政府**或者其工作部门处理决定的**信访事项**，应当转送有权处理的**行政**机关；情况重大、紧急的，应当及时提出建议，报请本级**人民**政府决定。 （三）**信访事项**涉及下级**行政**机关或者其工作人员的，按照“属地管理、分级负责，谁主管、	**第二十二条　各级党委和**政府信访**部门**收到信访事项，应当予以登记，并区分情况，在 15 日内分别按照下列方式处理： （一）对依照职责属于本级**机关、单位**或者其工作部门处理决定的，应当转送有权处理的机关、**单位**；情况重大、紧急的，应当及时提出建议，报请本级**党委和**政府决定。 （二）涉及下级机关、**单位**或者其工作人员的，按照“属地管理、分级负责，谁主管、谁负责”的原则，转送有权处理的机关、**单位**。 （三）对转送信访事项中的重要情况需要反馈办理结果的，可以交由有权处理的机关、**单位**办理，要求其在指定办理期限内反馈结果，提交办结报告。 **各级党委和政府信访部门对收到的涉法涉诉信件，应当转送同级**

续表

2005 年《信访条例》	2022 年《信访工作条例》
谁负责”的原则，直接转送有权处理的行政机关，并抄送下一级人民政府信访工作机构。 县级以上人民政府信访工作机构要定期向下一级人民政府信访工作机构通报转送情况，下级人民政府信访工作机构要定期向上一级人民政府信访工作机构报告转送信访事项的办理情况。 （四）对转送信访事项中的重要情况需要反馈办理结果的，可以直接交由有权处理的行政机关办理，要求其在指定办理期限内反馈结果，提交办结报告。 按照前款第（二）项至第（四）项规定，有关行政机关应当自收到转送、交办的信访事项之日起 15 日内决定是否受理并书面告知信访人，并按要求通报信访工作机构。	政法部门依法处理；对走访反映涉诉问题的信访人，应当释法明理，引导其向有关政法部门反映问题。对属于纪检监察机关受理的检举控告类信访事项，应当按照管理权限转送有关纪检监察机关依规依纪依法处理。
第二十二条　信访人按照本条例规定直接向各级人民政府信访工作机构以外的行政机关提出的信访事项，有关行政机关应当予以登记；对符合本条例第十四条第一款规定并属于本机关法定职权范围的信访事项，应当受理，不得推诿、敷衍、拖延；对不属于本机关职权范围的信访事项，应当告知信访人向有权的机关提出。	第二十三条　党委和政府信访部门以外的其他机关、单位收到信访人直接提出的信访事项，应当予以登记；对属于本机关、单位职权范围的，应当告知信访人接收情况以及处理途径和程序；对属于本系统下级机关、单位职权范围的，应当转送、交办有权处理的机关、单位，并告知信访人转送、交办去向；对不属于本机关、单位或者本

续表

2005 年《信访条例》	2022 年《信访工作条例》
有关行政机关收到信访事项后，能够当场答复是否受理的，应当当场书面**答复**；不能当场**答复**的，应当自收到信访事项之日起 15 日内书面告知信访人。但是，信访人的姓名（名称）、住址不清的除外。 **有关行政机关应当相互通报信访事项的受理情况。**	**系统**职权范围的，应当告知信访人向有权**处理**的机关、**单位**提出。 **对信访人直接提出的信访事项，有关机关、单位**能够当场**告知**的，应当当场书面**告知**；不能当场**告知**的，应当自收到信访事项之日起 15 日内书面告知信访人，但信访人的姓名（名称）、住址不清的除外。 **对党委和政府信访部门或者本系统上级机关、单位转送、交办的信访事项，属于本机关、单位职权范围的，有关机关、单位应当自收到之日起 15 日内书面告知信访人接收情况以及处理途径和程序；不属于本机关、单位或者本系统职权范围的，有关机关、单位应当自收到之日起 5 个工作日内提出异议，并详细说明理由，经转送、交办的信访部门或者上级机关、单位核实同意后，交还相关材料。** **政法部门处理涉及诉讼权利救济事项、纪检监察机关处理检举控告事项的告知按照有关规定执行。**
第二十四条　涉及两个或者两个以上**行政**机关的信访事项，由所涉及的**行政**机关协商受理；受理有争议的，由其共同的上一级**行政**机关决定受理机关。	第二十四条　涉及两个或者两个以上机关、**单位**的信访事项，由所涉及的机关、**单位**协商受理；受理有争议的，由其共同的上一级机关、**单位**决定受理机关；**受理有争**

续表

2005 年《信访条例》	2022 年《信访工作条例》
第二十五条 应当对信访事项作出处理的行政机关分立、合并、撤销的，由继续行使其职权的行政机关受理；职责不清的，由本级人民政府或者其指定的机关受理。	议且没有共同的上一级机关、单位的，由共同的信访工作联席会议协调处理。 应当对信访事项作出处理的机关、单位分立、合并、撤销的，由继续行使其职权的机关、单位受理；职责不清的，由本级党委和政府或者其指定的机关、单位受理。
第二十六条 公民、法人或者其他组织发现可能造成社会影响的重大、紧急信访事项和信访信息时，可以就近向有关行政机关报告。地方各级人民政府接到报告后，应当立即报告上一级人民政府；必要时，通报有关主管部门。县级以上地方人民政府有关部门接到报告后，应当立即报告本级人民政府和上一级主管部门；必要时，通报有关主管部门。国务院有关部门接到报告后，应当立即报告国务院；必要时，通报有关主管部门。 行政机关对重大、紧急信访事项和信访信息不得隐瞒、谎报、缓报，或者授意他人隐瞒、谎报、缓报。	第二十五条 各级机关、单位对可能造成社会影响的重大、紧急信访事项和信访信息，应当及时报告本级党委和政府，通报相关主管部门和本级信访工作联席会议办公室，在职责范围内依法及时采取措施，防止不良影响的产生、扩大。 地方各级党委和政府信访部门接到重大、紧急信访事项和信访信息，应当向上一级信访部门报告，同时报告国家信访局。
第二十七条 对于可能造成社会影响的重大、紧急信访事项和信访信息，有关行政机关应当在职责范围内依法及时采取措施，防止不良影响的产生、扩大。	

续表

2005年《信访条例》	2022年《信访工作条例》
第二十条 信访人在信访过程中应当遵守法律、法规，不得损害国家、社会、集体的利益和其他公民的合法权利，自觉维护社会公共秩序和信访秩序，不得有下列行为： （一）在**国家**机关办公场所周围、公共场所非法聚集，围堵、冲击**国家**机关，拦截公务车辆，或者堵塞、阻断交通**的**； （二）携带危险物品、管制器具**的**； （三）侮辱、殴打、威胁**国家**机关工作人员，**或者**非法限制他人人身自由**的**； （四）在信访接待场所滞留、滋事，或者将生活不能自理的人弃留在信访接待场所**的**； （五）煽动、串联、胁迫、以财物诱使、幕后操纵他人信访或者以信访为名借机敛财**的**； （六）扰乱公共秩序、妨害国家和公共安全的其他行为。	**第二十六条** 信访人在信访过程中应当遵守法律、法规，不得损害国家、社会、集体的利益和其他公民的合法权利，自觉维护社会公共秩序和信访秩序，不得有下列行为： （一）在机关**、单位**办公场所周围、公共场所非法聚集，围堵、冲击机关**、单位**，拦截公务车辆，或者堵塞、阻断交通； （二）携带危险物品、管制器具； （三）侮辱、殴打、威胁机关**、单位**工作人员，非法限制他人人身自由，**或者毁坏财物**； （四）在信访接待场所滞留、滋事，或者将生活不能自理的人弃留在信访接待场所； （五）煽动、串联、胁迫、以财物诱使、幕后操纵他人信访，或者以信访为名借机敛财； （六）其他扰乱公共秩序、妨害国家和公共安全的行为。
	第四章 信访事项的办理
	第二十七条 各级机关、单位及其工作人员应当根据各自职责和有关规定，按照诉求合理的解决问题到位、诉求无理的思想教育到位、生活困难的帮扶救助到位、行为违法的依法处理的要求，依法按

续表

2005 年《信访条例》	2022 年《信访工作条例》
	（四）可以通过行政复议、行政裁决、行政确认、行政许可、行政处罚等行政程序解决的，导入相应程序处理。 （五）属于申请查处违法行为、履行保护人身权或者财产权等合法权益职责的，依法履行或者答复。 （六）不属于以上情形的，应当听取信访人陈述事实和理由，并调查核实，出具信访处理意见书。对重大、复杂、疑难的信访事项，可以举行听证。
第三十二条　对信访事项有权处理的行政机关经调查核实，应当依照有关法律、法规、规章及其他有关规定，分别作出以下处理，并书面答复信访人： （一）请求事实清楚，符合法律、法规、规章或者其他有关规定的，予以支持； （二）请求事由合理但缺乏法律依据的，应当对信访人做好解释工作； （三）请求缺乏事实根据或者不符合法律、法规、规章或者其他有关规定的，不予支持。 有权处理的行政机关依照前款第（一）项规定作出支持信访请求意见的，应当督促有关机关或者单位执行。	第三十二条　信访处理意见书应当载明信访人投诉请求、事实和理由、处理意见及其法律法规依据： （一）请求事实清楚，符合法律、法规、规章或者其他有关规定的，予以支持； （二）请求事由合理但缺乏法律依据的，应当作出解释说明； （三）请求缺乏事实根据或者不符合法律、法规、规章或者其他有关规定的，不予支持。 有权处理的机关、单位作出支持信访请求意见的，应当督促有关机关、单位执行；不予支持的，应当做好信访人的疏导教育工作。

续表

2005 年《信访条例》	2022 年《信访工作条例》
	第三十三条 各级机关、单位在处理申诉求决类事项过程中，可以在不违反政策法规强制性规定的情况下，在裁量权范围内，经争议双方当事人同意进行调解；可以引导争议双方当事人自愿和解。经调解、和解达成一致意见的，应当制作调解协议书或者和解协议书。
第三十三条 信访事项应当自受理之日起 60 日内办结；情况复杂的，经本**行政**机关负责人批准，可以适当延长办理期限，但延长期限不得超过 30 日，并告知信访人延期理由。**法律、行政法规另有规定的，从其规定。**	**第三十四条 对本条例第三十一条第六项规定的**信访事项应当自受理之日起 60 日内办结；情况复杂的，经本机关、**单位**负责人批准，可以适当延长办理期限，但延长期限不得超过 30 日，并告知信访人延期理由。
第三十四条 信访人对**行政机关作出的**信访**事项**处理意见不服的，可以自收到书面答复之日起 30 日内请求原办理**行政**机关的上一级**行政**机关复查。收到复查请求的**行政**机关应当自收到复查请求之日起 30 日内提出复查意见，并予以书面答复。	**第三十五条** 信访人对信访处理意见不服的，可以自收到书面答复之日起 30 日内请求原办理机关、**单位**的上一级机关、**单位**复查。收到复查请求的机关、**单位**应当自收到复查请求之日起 30 日内提出复查意见，并予以书面答复。
第三十五条 信访人对复查意见不服的，可以自收到书面答复之日起 30 日内向复查机关的上一级**行政**机关请求复核。收到复核请求的**行政**机关应当自收到复核请求之日起 30 日内提出复核意见。 复核机关可以按照本条例第三	**第三十六条** 信访人对复查意见不服的，可以自收到书面答复之日起 30 日内向复查机关、**单位**的上一级机关、**单位**请求复核。收到复核请求的机关、**单位**应当自收到复核请求之日起 30 日内提出复核意见。 复核机关、**单位**可以按照本条

续表

2005 年《信访条例》	2022 年《信访工作条例》
十一条**第二款**的规定举行听证，经过听证的复核意见可以依法向社会公示。听证所需时间不计算在前款规定的期限内。 信访人对复核意见不服，仍然以同一事实和理由提出投诉请求的，各级**人民**政府信访**工作机构**和其他**行政**机关不再受理。	例第三十一条**第六项**的规定举行听证，经过听证的复核意见可以依法向社会公示。听证所需时间不计算在前款规定的期限内。 信访人对复核意见不服，仍然以同一事实和理由提出投诉请求的，各级**党委和**政府信访**部门**和其他机关、**单位**不再受理。
	第三十七条　各级机关、单位应当坚持社会矛盾纠纷多元预防调处化解，人民调解、行政调解、司法调解联动，综合运用法律、政策、经济、行政等手段和教育、协商、疏导等办法，多措并举化解矛盾纠纷。 **各级机关、单位在办理信访事项时，对生活确有困难的信访人，可以告知或者帮助其向有关机关或者机构依法申请社会救助。符合国家司法救助条件的，有关政法部门应当按照规定给予司法救助。** **地方党委和政府以及基层党组织和基层单位对信访事项已经复查复核和涉法涉诉信访事项已经依法终结的相关信访人，应当做好疏导教育、矛盾化解、帮扶救助等工作。**
	第五章　监督和追责
	第三十八条　各级党委和政府应当对开展信访工作、落实信访工作责任的情况组织专项督查。

续表

2005 年《信访条例》	2022 年《信访工作条例》
	信访工作联席会议及其办公室、党委和政府信访部门应当根据工作需要开展督查，就发现的问题向有关地方和部门进行反馈，重要问题向本级党委和政府报告。 各级党委和政府督查部门应当将疑难复杂信访问题列入督查范围。
第七条　各级人民政府应当建立健全信访工作责任制，对信访工作中的失职、渎职行为，严格依照有关法律、行政法规和本条例的规定，追究有关责任人员的责任，并在一定范围内予以通报。 各级人民政府应当将信访工作绩效纳入公务员考核体系。 第八条第二款　对在信访工作中做出优异成绩的单位或者个人，由有关行政机关给予奖励。	第三十九条　各级党委和政府应当以依规依法及时就地解决信访问题为导向，每年对信访工作情况进行考核。考核结果应当在适当范围内通报，并作为对领导班子和有关领导干部综合考核评价的重要参考。 对在信访工作中作出突出成绩和贡献的机关、单位或者个人，可以按照有关规定给予表彰和奖励。 对在信访工作中履职不力、存在严重问题的领导班子和领导干部，视情节轻重，由信访工作联席会议进行约谈、通报、挂牌督办，责令限期整改。
第三十六条　县级以上人民政府信访工作机构发现有关行政机关有下列情形之一的，应当及时督办，并提出改进建议： （一）无正当理由未按规定的办理期限办结信访事项的； （二）未按规定反馈信访事项办理结果的； （三）未按规定程序办理信访	第四十条　党委和政府信访部门发现有关机关、单位存在违反信访工作规定受理、办理信访事项，办理信访事项推诿、敷衍、拖延、弄虚作假或者拒不执行信访处理意见等情形的，应当及时督办，并提出改进工作的建议。 对工作中发现的有关政策性问题，应当及时向本级党委和政府报

续表

<table>
<tr><th>2005 年《信访条例》</th><th>2022 年《信访工作条例》</th></tr>
<tr><td>事项的；
（四）办理信访事项推诿、敷衍、拖延的；
（五）不执行信访处理意见的；
（六）其他需要督办的情形。
收到改进建议的行政机关应当在 30 日内书面反馈情况；未采纳改进建议的，应当说明理由。</td><td rowspan="3">告，并提出完善政策的建议。
对在信访工作中推诿、敷衍、拖延、弄虚作假造成严重后果的机关、单位及其工作人员，应当向有管理权限的机关、单位提出追究责任的建议。
对信访部门提出的改进工作、完善政策、追究责任的建议，有关机关、单位应当书面反馈采纳情况。</td></tr>
<tr><td>第三十七条　县级以上人民政府信访工作机构对于信访人反映的有关政策性问题，应当及时向本级人民政府报告，并提出完善政策、解决问题的建议。</td></tr>
<tr><td>第三十八条　县级以上人民政府信访工作机构对在信访工作中推诿、敷衍、拖延、弄虚作假造成严重后果的行政机关工作人员，可以向有关行政机关提出给予行政处分的建议。</td></tr>
<tr><td>第三十九条　县级以上人民政府信访工作机构应当就以下事项向本级人民政府定期提交信访情况分析报告：
（一）受理信访事项的数据统计、信访事项涉及领域以及被投诉较多的机关；
（二）转送、督办情况以及各部门采纳改进建议的情况；
（三）提出的政策性建议及其</td><td>第四十一条　党委和政府信访部门应当编制信访情况年度报告，每年向本级党委和政府、上一级党委和政府信访部门报告。年度报告应当包括下列内容：
（一）信访事项的数据统计、信访事项涉及领域以及被投诉较多的机关、单位；
（二）党委和政府信访部门转送、交办、督办情况；</td></tr>
</table>

续表

2005 年《信访条例》	2022 年《信访工作条例》
被采纳情况。	**（三）党委和政府信访部门提出改进工作、完善政策、追究责任**建议**以及**被采纳情况； **（四）其他应当报告的事项。** **根据巡视巡察工作需要，党委和政府信访部门应当向巡视巡察机构提供被巡视巡察地区、单位领导班子及其成员和下一级主要负责人有关信访举报，落实信访工作责任制，具有苗头性、倾向性的重要信访问题，需要巡视巡察工作关注的重要信访事项等情况。**
第六章　法 律 责 任	
第四十条　因下列情形之一导致信访事项发生，造成严重后果的，对直接负责的主管人员和其他直接责任人员，**依照有关法律、行政法规的规定给予行政处分**；构成犯罪的，依法追究刑事责任： （一）超越或者滥用职权，侵害**信访人**合法权益**的**； （二）**行政机关**应当作为而不作为，侵害**信访人**合法权益**的**； （三）适用法律、法规错误或者违反法定程序，侵害**信访人**合法权益**的**； （四）拒不执行有权处理**的行政**机关作出的支持信访请求意见**的**。	**第四十二条**　因下列情形之一导致信访事项发生，造成严重后果的，对直接负责的主管人员和其他直接责任人员，**依规依纪依法严肃处理**；构成犯罪的，依法追究刑事责任： （一）超越或者滥用职权，侵害**公民、法人或者其他组织**合法权益； （二）应当作为而不作为，侵害**公民、法人或者其他组织**合法权益； （三）适用法律、法规错误或者违反法定程序，侵害**公民、法人或者其他组织**合法权益； （四）拒不执行有权处理机关、**单位**作出的支持信访请求意见。

续表

2005 年《信访条例》	2022 年《信访工作条例》
第四十一条　县级以上人民政府信访**工作机构**对收到的信访事项应当登记、转送、交办而未按规定登记、转送、交办，或者应当履行督办职责而未履行的，由其上级**行政**机关责令改正；造成严重后果的，对直接负责的主管人员和其他直接责任人员依法**给予行政处分**。	**第四十三条　各级党委和**政府信访**部门**对收到的信访事项应当登记、转送、交办而未按**照**规定登记、转送、交办，或者应当履行督办职责而未履行的，由其上级机关责令改正；造成严重后果的，对直接负责的主管人员和其他直接责任人员**依规依纪**依法**严肃处理**。
第四十二条　负有受理信访事项职责的**行政**机关**在受理信访事项过程中违反本条例的规定，**有下列情形之一的，由其上级**行政**机关责令改正；造成严重后果的，对直接负责的主管人员和其他直接责任人员依法**给予行政处分：** （一）对收到的信访事项不按规定登记**的；** （二）对属于其**法定**职权范围的信访事项不予受理**的；** （三）**行政机关**未在规定期限内书面告知信访人是否受理信访事项**的**。	**第四十四条**　负有受理信访事项职责的机关**、单位**有下列情形之一的，由其上级机关**、单位**责令改正；造成严重后果的，对直接负责的主管人员和其他直接责任人员**依规依纪**依法**严肃处理：** （一）对收到的信访事项不按**照**规定登记； （二）对属于其职权范围的信访事项不予受理； （三）未在规定期限内书面告知信访人是否受理信访事项。
第四十三条　对信访事项有权处理的**行政**机关**在办理信访事项过程中，**有下列**行为**之一的，由其上级**行政**机关责令改正；造成严重后果的，对直接负责的主管人员和其他直接责任人员依法**给予行政处分：** （一）推诿、敷衍、拖延信访	**第四十五条**　对信访事项有权处理的机关**、单位**有下列**情形**之一的，由其上级机关**、单位**责令改正；造成严重后果的，对直接负责的主管人员和其他直接责任人员**依规依纪**依法**严肃处理：** （一）推诿、敷衍、拖延信访事项办理或者未在**规定**期限内办结

续表

2005 年《信访条例》	2022 年《信访工作条例》
事项办理或者未在**法定**期限内办结信访事项**的**； （二）对事实清楚，符合法律、法规、规章或者其他有关规定的投诉请求未予支持**的**。	信访事项； （二）对事实清楚，符合法律、法规、规章或者其他有关规定的投诉请求未予支持； **（三）对党委和政府信访部门提出的改进工作、完善政策等建议重视不够、落实不力，导致问题长期得不到解决；** **（四）其他不履行或者不正确履行信访事项处理职责的情形。**
第四十四条　行政机关工作人员**违反本条例规定**，将信访人的检举、揭发材料或者有关情况透露、转给被检举、揭发的人员或者单位的，**依法给予行政处分**。 **行政机关工作人员**在处理信访事项过程中，**作风粗暴，激化矛盾并造成严重后果的，依法给予行政处分**。 **第四十五条　行政机关及其工作人员违反本条例第二十六条规定**，对可能造成社会影响的重大、紧急信访事项和信访信息，隐瞒、谎报、缓报，或者**授意他人隐瞒、谎报、缓报**，造成严重后果的，对直接负责的主管人员和其他直接责任人员依法**给予行政处分**；构成犯罪的，依法追究刑事责任。 第四十六条　打击报复信访人，构成犯罪的，依法追究刑事责	第四十六条　有关机关、单位及其领导干部、工作人员**有下列情形之一的，由其上级机关、单位责令改正**；造成严重后果的，对直接负责的主管人员和其他直接责任人员**依规依纪**依法**严肃处理**；构成犯罪的，依法追究刑事责任： **（一）对待信访人态度恶劣、作风粗暴，损害党群干群关系；** **（二）**在处理信访事项过程中**吃拿卡要、谋取私利；** **（三）对规模性集体访、负面舆情等处置不力，导致事态扩大；** **（四）**对可能造成社会影响的重大、紧急信访事项和信访信息隐瞒、谎报、缓报，或者**未依法及时采取必要措施；** **（五）**将信访人的检举、揭发材料或者有关情况透露、转给被检举、揭发的人员或者单位；

续表

2005 年《信访条例》	2022 年《信访工作条例》
任；**尚不构成犯罪的，依法给予行政处分或者纪律处分**。	（六）打击报复信访人； **（七）其他违规违纪违法的情形。**
第四十七条　违反本条例**第十八条**、第二十条规定的，有关**国家**机关工作人员应当对信访人进行劝阻、批评或者教育。 **经劝阻、批评和教育无效的，由公安机关予以警告、训诫或者制止**；违反集会游行示威的法律、**行政**法规，**或者构成违反治安管理行为**的，由公安机关依法采取必要的现场处置措施、给予治安管理处罚；构成犯罪的，依法追究刑事责任。 **第四十八条**　信访人捏造歪曲事实、诬告陷害他人，构成犯罪的，依法追究刑事责任；**尚不构成犯罪**的，**由公安机关**依法给予治安管理处罚。	第四十七条　信访人违反本条例第二十条、**第二十六条**规定的，有关机关、**单位**工作人员应当对**其**进行劝阻、批评或者教育。 **信访人滋事扰序、缠访闹访情节严重，构成违反治安管理行为的，或者**违反集会游行示威**相关**法律法规的，由公安机关依法采取必要的现场处置措施、给予治安管理处罚；构成犯罪的，依法追究刑事责任。 信访人捏造歪曲事实、诬告陷害他人，**构成违反治安管理行为**的，依法给予治安管理处罚；构成犯罪的，依法追究刑事责任。
第七章　附　　则	**第六章　附　　则**
第五十条　对外国人、无国籍人、外国组织信访事项的处理，参照本条例执行。	**第四十八条**　对外国人、无国籍人、外国组织信访事项的处理，参照本条例执行。
	第四十九条　本条例由国家信访局负责解释。

续表

2005 年《信访条例》	2022 年《信访工作条例》
第五十一条　本条例自 2005 年 5 月 1 日起施行。**1995 年 10 月 28 日国务院发布的《信访条例》同时废止。**	**第五十条**　本条例自 2022 年 5 月 1 日起施行。

附录二

典型案例

最高人民法院发布第一批涉执信访实质性化解典型案例[①]

案例 1　龚某不服执行和解协议信访案

——双方当事人达成执行和解协议，申请人龚某不服应另行提起民事诉讼。江西法院“院领导接访”制度促化解

【基本案情】

龚某与王某英、涂某借款合同纠纷案，2018 年 4 月，江西省南昌市青山湖区人民法院作出民事判决书，判令由王某某偿还 83 万元及利息，涂某承担连带清偿责任。判决生效后，被执行人王某某、涂某未履行判决义务。2019 年 7 月，

① 《最高人民法院发布第一批涉执信访实质性化解典型案例》，载最高人民法院网站 2021 年 11 月 18 日，https：//www. court. gov. cn/zixun – xiangqing – 332151. html。

龚某申请法院立案执行。执行中，双方当事人协商达成执行和解协议，被执行人按约还款90万元。2021年7月，龚某不服执行和解协议，以该案未执行到位为由信访。江西高院通过院领导接访，耐心倾听其诉求，详细了解案件情况发现，根据《最高人民法院关于执行和解若干问题的规定》，龚某不服执行和解协议的诉求应通过另行提起民事诉讼解决。为减少当事人诉累，及时回应人民群众诉求，江西高院立即督促指导下级法院对该案加大调解工作力度。江西省南昌市青山湖区人民法院迅速行动，上门做被执行人思想工作，动之以情、晓之以理、明之以法。经过不懈努力再次促成双方当事人达成和解并当场履行完毕。该案成功化解。

【典型意义】

本案是江西法院"院领导接访"制度成功化解涉执信访，减轻群众诉累，落实"我为群众办实事"活动要求的典型案例。"院领导接访"制度，是由江西各级法院院领导定期轮流带案"面对面"接待信访群众，畅通诉求渠道，高位推动矛盾化解，及时解决人民群众"急难愁盼"问题的一项重要举措。本案通过"院领导接访"制度及时找准龚某核心诉求，自上而下联动促成案件再次和解，有效地避免了龚某另行提起民事诉讼产生的诉累，提高了群众获得感和满意度。

案例 2 侨胞金某某申请强制执行借款信访案

——被执行人涉案 10 余件欠债上亿元，无能力履行判决义务。江西三级法院联动协调促执行和解

【基本案情】

金某某与吴某国、高安市某陶瓷有限公司民间借贷纠纷案，2016 年 12 月，江西省高安市人民法院作出民事判决书，判令由吴某国、高安市某陶瓷有限公司偿还 800 万元及利息。判决生效后，被执行人吴某国、高安市某陶瓷有限公司未按期履行判决义务。2017 年 9 月，金某某申请法院强制执行。执行中，江西省高安市人民法院调查查明，被执行人在多家法院涉及 10 件在执案件，其财产被另案首先查封且全部存在抵押贷款情况。该院对被执行人吴某国采取司法拘留措施，因身体原因无法收拘。根据申请执行人金某某提供的线索，该院深入调查发现被执行人高安市某陶瓷有限公司有租金收入。但该租金被当地镇政府监管，用于偿还其拖欠的工人工资 800 余万元，以及税款、环保费、电费、物业费等 1200 余万元等。因租金不足支付全部工人工资和各类欠费，且受疫情影响租金下降，致案件难以执行租金受偿，引发金某某信访。江西高院予以执行督办并联合宜春市中级人民法院赴高安实地督导，组织双方当事人协商，促使吴某国承诺每月支付 5 万元至 10 万元，并提供一处他人名下的国有出让工业用地进行担保，获得金某某的同意，案件得以顺利化解。2021

年9月，该案执行到位280万元，剩余款项正在按约履行中。

【典型意义】

本案是省市县三级法院联动化解重大疑难复杂涉执信访的典型案例。在这起案件中，江西省高级人民法院第一时间督办处理，宜春市中级人民法院跟踪问效，高安市人民法院深入调查、多方沟通、积极协调。案件执行面临困局时，省市两级法院赴实地督导，当场组织双方当事人协商达成分期付款加财产担保的执行和解协议，成功妥善化解了该起侨胞信访案，体现了人民法院切实解决人民群众诉求的信心和决心，取得了较好的政治效果和法律效果。

案例3　陈某某等124名农民工申请强制执行劳动报酬信访案

——被执行人欠下巨额债务，无力支付203万元工资，引发农民工集体信访。萍乡两级法院运用“协同执行”机制成功化解信访矛盾

【基本案情】

陈某某等124名农民工与萍乡市某烟花爆竹制造有限公司追索劳动报酬纠纷案，2020年10月，江西省芦溪县人民法院作出多份民事判决书，判令由萍乡市某烟花爆竹制造有限公司支付劳动报酬合计203万元。判决生效后，被执行人萍乡市某烟花爆竹制造有限公司未履行判决义务，同年12

月，陈某某等124名农民工申请法院强制执行。执行中，江西省芦溪县人民法院调查发现被执行人萍乡市某烟花爆竹制造有限公司在萍乡市中级人民法院、安源区人民法院、上栗县人民法院均有借款纠纷案件在执，欠款金额高达2000余万元，无财产可供执行，致本案执行不能，暂以终结本次执行程序结案。其间，江西省芦溪县人民法院根据举报线索，查实并冻结了被执行人退出烟花爆竹生产政府奖补金80万元。但该奖补金也被江西省萍乡市中级人民法院等其他3家法院冻结。2021年6月，陈某某等124名农民工得知情况后到市、县集体信访，请求优先受偿。为妥善化解农民工集体信访矛盾，江西省芦溪县人民法院报请萍乡市中级人民法院启动协同执行机制。该院经审查决定协同执行，并同意由江西省芦溪县人民法院扣划、提取奖补金和主持分配。江西省芦溪县人民法院将该笔奖补金扣划到位，并组织召开债权人会议。陈某某等124名农民工以其债权为工资为由要求优先受偿。其他债权人以其案件首先有效冻结为由要求按比例分配。各方未达成一致分配意见。江西省芦溪县人民法院采取见证执行方式，与债权人一同前往相关单位调查，确认该院冻结为首先有效冻结。同时该院采取执行听证方式，释明农民工生活困难情况，消除其他债权人猜疑，获得了大多数借款债权人支持。2021年8月，该院制作并送达财产分配方案，确定由陈某某等124名农民工受偿，各方均未提出异议，现已将80万元发放完毕，矛盾得以顺利化解。

【典型意义】

本案是运用协同执行机制成功化解农民工集体涉执信访的典型案例。协同执行机制是最高人民法院建立的针对重大、疑难、复杂或长期未结等执行案件，上级法院发挥统一协调职能优势，统一调度使用辖区法院执行力量，协同、帮助辖区法院实施强制执行，切实为基层法院减负的一项工作机制。本案中，江西省萍乡市中级人民法院决定启动协同执行机制，并协调辖区其他法院同意统一由江西省芦溪县人民法院提取奖补金。执行中，江西省芦溪县人民法院采取见证执行、执行听证、债权人会议等方式，充分保障各方当事人的知情权、异议权，有效解决了首先冻结、财产分配争议问题，顺利将款项发放给陈某某等124名农民工，将一起群体性信访事件及时消化在基层，取得了较好法律效果和政治效果。

案例4　宋某申请强制执行人身损害赔偿款信访案

——被执行人与申请人达成执行和解后下落不明，申请人长达20年未申请法院继续执行致案件陷入困局。江西省井冈山市人民法院运用“三推送”机制成功执结

【基本案情】

宋某与郭某、肖某、刘某、罗某中人身损害赔偿纠纷案，2000年12月，江西省井冈山市人民法院作出民事判决书，

判令由郭某、肖某、刘某赔偿 14097.52 元，由罗某中赔偿 42238.56 元。判决生效后，被执行人未履行判决义务。2001 年 2 月，宋某申请法院强制执行。执行中，被执行人郭某、肖某和刘某支付了赔偿款。同年 4 月，江西省井冈山市人民法院组织宋某与被执行人罗某中调解并达成执行和解协议，约定由罗某中向宋某直接支付赔偿款。和解后，被执行人罗某中外出打工下落不明，申请人宋某长期未向法院反馈此情况并要求继续执行，直至 2021 年 4 月在第一批政法队伍教育整顿期间才反映此案，致案件未能得到及时执行。江西省井冈山市人民法院立即启动“三推送”机制，向当地村委会、乡镇、民政、公安等推送被执行人罗某中信息，请求协助查找下落线索。“三推送”协助部门反馈未发现被执行人罗某中的行踪。但通过公安反馈结果发现被执行人罗某中现已更名为罗某忠。该院及时将此情况告知“三推送”协助部门，并根据反馈线索顺利找到了被执行人罗某忠。经传唤，罗某忠到江西省井冈山市人民法院当场履行了 9950 元。其间，该院拟采取司法拘留措施，考虑到其父母已过世，夫妻长期分居，独自抚养 3 个小孩，决定暂缓拘留。但被执行人罗某忠出具承诺书并履行 19000 元。2021 年 5 月，该案全部执行完毕，且被执行人罗某忠另支付了 25000 元的迟延履行金。至此，该起 20 年前和解未履行案件得以顺利执结。

【典型意义】

本案是运用“三推送”执行机制成功化解涉执信访的典

型案例。“三推送”机制是在党委政法委的领导下，依托基层综治中心，将协助执行工作纳入基层社会治安综合治理网格化管理的范围，由法院向相关单位、基层组织推送被执行人信息，请求协助送达、查找下落和财产线索、督促履行、化解涉执信访、开展法律宣传等的工作机制。江西省井冈山市人民法院启动该工作机制，在公安、村委会等协助下，成功查找到被执行人，并经过认真细致的工作，促成双方当事人和解并履行完毕，取得了较好的执行效果。

案例5　曾某某申请强制执行交通事故赔偿信访案

——被执行人患严重疾病危及生命致生活困难，根本无力履行赔偿义务。江西省广昌县人民法院运用司法救助制度促化解

【基本案情】

曾某某与张某富道路交通事故损害赔偿纠纷案，2018年6月，江西省广昌县人民法院作出民事判决书，判令由张某富赔偿5.6万元。判决生效后，被执行人张某富未履行判决义务。同年9月，曾某某申请法院强制执行。执行中，江西省广昌县人民法院认真开展调查，被执行人张某富已离婚和外出务工，仅有一未成年儿子和60岁母亲在家，家庭生活十分困难，未发现可供执行财产。但根据举报线索在车站蹲守成功将被执行人张某富拘传到法院。江西省广昌县人民法院拟进一步采取司法拘留措施，但体检时发现被执行人张某富

患严重强直性脊椎炎，随时有生命危险，且因无力支付高额医疗费至今未就医，不宜收拘，案件执行陷入困境。为此，江西省广昌县人民法院一方面协调村干部和被执行人亲属做其履行赔偿义务的思想工作，另一方面将被执行人家庭和身体状况反馈给申请人，得到其理解。考虑双方当事人家庭均十分困难，江西省广昌县人民法院主动向当地党委政法委报告案件情况争取支持，帮助申请人申报国家司法救助资金，以解燃眉之急。2021 年 7 月，该案通过司法救助方式成功化解。

【典型意义】

本案是成功运用国家司法救助制度有效化解小标的涉民生执行信访的典型案例。类似该案的执行实践中，人民法院往往遇到双方当事人家庭生活均十分困难的情况，被执行人根本无力履行致案件执行不能而引发信访。本案执行中，江西省广昌县人民法院除加大执行力度外，还多措并举，协调各方做好当事人的思想工作，积极运用国家司法救助制度帮助申请人纾解生活困难，既维护了胜诉当事人的合法权益，也赢得了双方当事人的满意，最大限度地化解信访矛盾，促进社会和谐稳定，具有较强的指导意义。

案例6 艾某申请强制执行工伤赔偿信访案

——被执行人隐藏财产拒不履行国家脱贫对象工伤赔款，江西省新余市渝水区人民法院运用执行专项调查措施促案件顺利执结

【基本案情】

艾某与新余某机械制造有限公司工伤赔偿纠纷案，2018年8月，江西省新余市渝水区人民法院作出民事判决书，判令由新余某机械制造有限公司赔偿64万余元。判决生效后，该公司未履行判决义务。同年10月，艾某申请法院强制执行。执行中，江西省新余市渝水区人民法院迅速查控了被执行人名下财产，并执行到位4.4万元，之后未能发现其他财产，案件进入执行不能状态。考虑到申请人艾某工伤伤残四级且已离婚，无经济收入来源，还需抚养未成年女儿，系低保户、贫困户和国家脱贫对象，江西省新余市渝水区人民法院认真分析案情、改变执行思路、制定周密方案，依艾某申请追加该公司唯一股东尹某为本案被执行人，并开展深挖调查工作。经梳理分析调查线索，被执行人与新余市某钢铁公司有业务往来，并迅速冻结和扣划到位12万余元货款。同时发现被执行人隐名持有某典当公司股权，并迅速启动评估、拍卖程序。结合前述情况，该院拟进一步采取追究拒执罪措施。被执行人迫于执行压力，主动找到法院请求调解，最终在法院主持下达成执行和解协议，被执行人支付了45万余元赔偿。2021年5月，该案得以圆满解决，艾某赠送锦旗表示感谢。

【典型意义】

本案是人民法院充分发挥执行职能，运用执行专项调查措施，深挖调查财产线索顺利推动案件执结，服务和保障党中央乡村振兴大局的典型案例。因意外伤害致贫，是贫困产生的一个高发原由，也是影响社会和谐稳定的重要因素。这类弱势群体的权利维护，是执行工作服务乡村振兴大局，落实“我为群众办实事”活动的具体要求。本案中，申请人艾某的生活在伤残后陷入贫困，江西省新余市渝水区人民法院开展执行专项调查，穷尽执行方法，综合运用各项强制执行措施，展开强大执行攻势，最终顺利将该案执结，取得了较好的政治效果、社会效果和法律效果。

案例7 胡某某申请强制执行办证信访案

——案涉房屋不符合登记规定导致无法办证，案件陷入执行不能境地。江西省景德镇市珠山区人民法院创新方法，多方协调成功化解“骨头案”

【基本案情】

信访人胡某某与景德镇某中学拆迁安置补偿合同纠纷案，2003年12月，江西省景德镇市中级人民法院作出二审民事判决书，判令由景德镇某中学代为办理并向胡某某交付教师公寓房屋所有权证。同时由该中学支付逾期交付房屋所有权证的违约金。判决生效后，景德镇某中学未按期履行判决义务。2004 年 3 月，胡某某申请强制执行。执行中，江西省景德镇市珠山区人民法院调查发现案涉房屋因历史原因、手续不全，不符合办证规定，房地产管理部门无法协助办理，导致案件执行不能。为推动案件执行，该院组织双方当事人多次协商达成“房屋置换”和解方案，约定由被执行人景德镇某中学每年支付逾期违约金 5000 元，直至办证完毕止。同时由被执行人协调解决房屋置换问题。和解履行期间，被执行人景德镇某中学按约支付违约金，但未履行房屋置换义务。第一批政法队伍教育整顿期间，信访人胡某某上访要求强制执行办证。江西省景德镇市珠山区人民法院成立由局长带队的执行专班多次到房管、不动产登记等部门协调，均无法办证。面对困难，执行专班采取“背对背、面对面”等方式与当事人沟通，成功促使双方达成“房屋回购”和解方案，并得到了当地政府大力支持。2021 年 6 月，该案顺利得到化解。

【典型意义】

本案是人民法院执行干警以啃“硬骨头”的精神，创新执行方法成功化解疑难复杂涉执信访的典型案例。本案中，因涉案房屋不符合办证规定，江西省景德镇市珠山区人民法院不能通过强制执行将不具备办证条件房屋“合法化”，导致案件执行不能，引发申请人胡某某上访。为妥善化解信访矛盾，该院促成双方当事人达成“房屋置换”和解方案仍难以执行完毕。于是，该院改变执行思路，多方协调，再次促成双方当事人达成“房屋回购”和解方案，并在当地党委政府的大力支持下，破解了回购款支付难问题，促使信访矛盾得以彻底化解，取得了较好的政治效果、社会效果和法律效果。

案例 8　杨某某申请强制执行企业偿还欠款信访案

——被执行人受疫情影响生产经营陷入困难，难以履行判决义务，被纳入失信名单。江西省南昌市西湖区人民法院运用信用承诺和信用修复机制双向化解信访矛盾

【基本案情】

杨某某与南昌某建筑有限公司借款合同纠纷案，2017 年 9 月，江西省南昌市西湖区人民法院作出民事判决书，判令由南昌某建筑有限公司偿还 28 万元及利息。判决生效后，被执行人南昌某建筑有限公司未履行判决义务。2018 年 4 月，杨某某申请法院强制执行。执行中，江西省南昌市西湖区人民法院深入开展线上线下调查，发现被执行人南昌某建筑有限公司在该院涉案较多且未能全部执行到位，存在执行不能的风险。经多次做思想工作，被执行人陆续履行大部分款项。其间，受疫情影响且被纳入失信名单，被执行人银行贷款审批受阻、企业重组遇到困难和无法正常进行工程投标，致无力偿还剩余借款。考虑此种情况，江西省南昌市西湖区人民法院决定采取执行和解方式对被执行人进行信用修复，且多

次组织双方当事人协商，最终促成分期还款的和解方案，并由杨某某申请法院暂时解除失信名单。信用修复后，被执行人南昌某建筑有限公司履行了全部还款义务。2021 年 3 月，该案得以顺利执结。

【典型意义】

本案是人民法院秉持善意文明执行理念，成功运用信用承诺和信用修复机制双向化解信访矛盾的典型案例。本案中，江西省南昌市西湖区人民法院面对执行不能的困难，组织双方当事人协商促成和解，并征得申请人同意后实施信用修复措施，有效帮助被执行人恢复生产经营、重获盈利能力，全部偿清债务。该案执行既保障了胜诉当事人的合法权益得以兑现，又帮助被执行企业得以复产复工，起到了“办理一个案件救活一个企业”示范作用，对全国法院类似案件的办理具有较强的指导意义。

案例 9　刘某某申请强制执行村小组支付工程款信访案

——被执行财产难以变价造成执行困难。江西省新干县人民法院紧紧依靠当地党委政府妥善化解信访矛盾

【基本案情】

刘某某与新干县金川镇某村委会某村小组建设工程施工合同纠纷案，2014 年 9 月，江西省新干县人民法院作出民事

判决书，判令由该村小组支付工程款 10 万余元及利息。判决生效后，新干县金川镇某村委会某村小组未履行判决义务。同年 11 月，刘某某申请法院强制执行。执行中，江西省新干县人民法院查明，被执行人新干县金川镇某村委会某村民小组有村民活动中心房屋一栋、休闲广场一处、某水库 50% 所有权和水库岛屿一座。上述土地为农村集体所有性质，依法不能直接面向社会公开拍卖，当地村民不愿购买，导致案件执行不能。为破解执行难题，江西省新干县人民法院根据线索得知当地政府有意征收被执行人所有的水库岛屿，积极与当地水务部门沟通，并向县委政法委专题报告。该县委政法委组织召开案件协调会，协调同意由被执行人的上级组织新干县金川镇某村委会代为清偿。因该村委会未按期履行还款义务，江西省新干县人民法院依申请追加其为本案被执行人。新干县金川镇某村委会未提出异议，并承诺偿还 10 万元本金，但未得到申请人刘某某同意。案件执行再次陷入僵局。江西省新干县人民法院面对困难反复组织双方当事人协商促成和解，由新干县金川镇某村委会偿还 12 万元工程款，剩余 1 万元利息放弃。同时在当地县委政法委再次协调下，该村委会将名下水库区 380 亩滩地出租给某农业开发公司，并将租金 12 万元支付给刘某某。2021 年 7 月，本案得以顺利执结。

【典型意义】

本案是人民法院紧紧依靠党委政府成功化解涉执信访的典型案例。如何化解村委会、村小组债务纠纷是当前人民法院面临的一项紧迫而艰巨的任务。在当前法律政策框架下，盘活村集体组织名下闲置资产，紧紧依靠党委政府推动土地承包权流转或入股不失为一项有效措施。本案中，江西省新干县人民法院直面困难、多方协调、多方联动，紧紧依靠当地党委政府支持成功化解了信访矛盾，进而避免影响新农村建设和村集体组织的正常运转，维护了村集体组织的声誉，对今后处理同类案件提供有益经验。

案例 10　某电梯有限公司申请强制执行货款信访案

——被执行人的法定代表人伙同他人转移公司租金收入，拒不履行还款义务。江西省宜春市袁州区人民法院创新使用“预告知 + 预通知”执行措施攻克执行不能难题

【基本案情】

某电梯有限公司与江西某物流有限公司买卖合同纠纷案，2020 年 3 月，江西省宜春市袁州区人民法院作出民事调解书，确认由江西某物流有限公司支付货款 92.7 万元。调解生效后，江西某物流有限公司未履行还款义务。同年 6 月，某电梯有限公司申请法院强制执行。执行中，江西省宜春市袁州区人民法院线上调查发现，被执行人名下除一块被另案多次查封的土地外无其他登记财产。该院派员现场调查发现，被执行人已搬离原址，但原址处新建的一栋办公楼，引起了办案人员注意。经过走访了解，被执行人建起该栋办公楼但

未办理产权证书，并将其出租给其他公司办公，年租金收入100万元。江西省宜春市袁州区人民法院遂对租金流向进行调查，发现被执行人的法定代表人李某东伙同员工李某安以该员工的银行账号将租金转移，存在规避执行的违法行为，涉嫌构成拒执犯罪。在查清事实后，该院创新使用罚款和追究拒执罪等强制措施，于2021年3月12日分别向被执行人的法定代表人李某东和员工李某安发出《涉嫌拒执犯罪预告书》和《预罚款通知书》，限在7日内清偿全部货款，否则将其涉嫌拒不执行判决、裁定罪线索移送公安机关侦查，并分别罚款10万元。被执行人于7日内清偿了全部货款。李某东和员工李某安向法院出具了悔过书。同年3月19日，该案得以执行完毕。

【典型意义】

本案是人民法院创新使用罚款和追究拒执犯罪措施，采取预罚款和涉嫌拒执犯罪预告等方式成功推动案件执行完毕和有效化解信访矛盾的典型案例。执行实践中，被执行人对办案人员的“涉嫌拒执犯罪”口头警告往往不以为然，根本没充分意识到转移财产规避执行所产生的严重法律后果。本案中，江西省宜春市袁州区人民法院创新运用“预告知＋预通知”执行模式，让被执行人意识到规避执行的法律后果，给予其权衡利弊作出选择的时间，同时给予被执行企业法定代表人李某东和员工李某安悔改的机会，促使其主动履行判决义务，充分体现了善意文明的执行理念，彰显司法的权威和温度。

最高人民法院发布第二批涉执信访实质性化解典型案例[①]

案例 1 法拍房买受人韦某申请强制腾退信访案

——法拍房成交后出现承租人异议，买受人信访要求法院强制腾退，北京市第三中级人民法院在保证程序正义基础上，引入心理疏导等多手段联动机制，促使法拍房实际占用人主动腾退

【基本案情】

张某与李某、庞某仲裁执行案，2020 年 12 月，案涉不动产经拍卖成交。此后，被执行人亲属李某 1 与法院联系，称其之前出过买房款，故对该房产享有使用权，法院不能要求其腾退，态度强硬。而后，同系被执行人亲属的张某 1、李某 2 向法院申请执行异议，主张其是案涉房产承租人。异议审查期间，北京市第三中级人民法院中止对案涉不动产的强制腾退工作。异议被裁定驳回后，当事人又向北京市高级人民法院复议。复议案件审查期间，买受人韦某信访称其认

① 《第二批涉执信访实质性化解典型案例》，载最高人民法院网站 2021 年 12 月 21 日，https：//www. court. gov. cn/zixun – xiangqing – 337931. html。

为本案存在消极执行问题，要求法院考虑其实际困难，尽快腾房。法院考虑到买受人孕晚期的特殊身体、心理状况，与其多次进行恳切沟通，充分释明本案因程序原因暂时中止执行的客观情况，晓之以理，动之以情，对其进行情绪疏导和宽慰，尽可能减少对其身体的不利影响。2021 年 8 月 30 日，北京市高级人民法院裁定驳回张某 1、李某 2 的复议请求。租赁权阻碍消失后，北京市第三中级人民法院多措并举，力求以最短时间、最小伤害、最好效果完成案涉房产的腾退工作。经调查，案涉房产的实际占用人为被执行人的父母，两位老人年龄较大，且被执行人父亲患有癌症，强制腾退风险较高。同时，李某 1 在与法院沟通过程中多次表示，如果强制腾退，其也不会善罢甘休。为妥善解决纠纷，保障各方人身财产安全，法院有针对性地作出尽可能以劝说主动腾退为主、强制腾退为辅的基本工作方案。一方面，法官多次前往案涉不动产所在地并与实际占用人及被执行人沟通，晓以利害，分析主动腾退的好处及强制腾退的风险。另一方面，立即启动强制腾退准备工作，充分考虑强制腾退可能出现的意外情况，制定包含腾退后安置场所、物品运输、警力、医疗、消防、罚款、拘留等强制腾退预案，张贴强制腾退公告，以强制腾退的威慑力为辅助手段。同时，北京市第三中级人民法院与申请执行人积极沟通，申请执行人对实际占用人及被执行人的实际情况表示理解与同情，主动减免一部分被执行人所欠债务，促使实际占用人主动腾退。经过多方沟通协调，实际占用人愿意主动配合腾退，北京市第三中级人民法院于

2021年10月将案涉不动产交付至买受人手中，实质化解信访。

【典型意义】

本案是人民法院注重心理疏导、沟通化解矛盾，多措并举以主动腾退代替强制腾退，实现法拍房顺利交付，有效化解信访矛盾的典型案例。法拍房的腾退交付工作是涉执行信访的突出矛盾之一，不动产拍卖成交后出现以承租为由的异议已成为阻碍法拍房交付的常见因素。本案中，北京市第三中级人民法院在保障程序正义的前提下，全面把握腾退工作所涉各方的核心诉求，制定有针对性的腾退方案，采取张弛有度的执行行为，同时将心理疏导机制引入信访化解，体现了人民法院切实解决人民群众诉求的信心和决心，实现了社会效果与法律效果的统一。

案例2　刘某某等申请强制执行交通事故赔偿款信访案

——特大交通事故致五死二伤，被执行人因交通肇事被判刑，无力支付巨额赔偿，导致多个家庭陷入困境，死者家庭多人多次信访。江苏三级法院运用联动救助机制，成功化解信访积案

【基本案情】

刘某某等人与李某、董某某、临沭市某运输公司机动车交通事故责任纠纷案，江苏省苏州市吴中区人民法院作出多

份民事判决，判令李某、董某某向该起交通事故中5名死者的近亲属赔偿358万余元，不足部分由临沭市某运输公司赔偿。判决生效后，上述各案5名死者的近亲属于2013年数次向江苏省苏州市吴中区人民法院申请强制执行。执行中，三被执行人均无财产可供执行，董某某因交通肇事罪被判处有期徒刑6年，江苏省苏州市吴中区人民法院经多次执行仍无法有效执结，因被执行人户籍所在地为山东省临沭县，该院于2013年3月委托山东省临沭县人民法院执行，亦未能有效执结。本次事故造成多个申请执行人家庭因此陷入困境，并引发多人多次重复信访。

2018年10月，江苏省高级人民法院协同执行法院多次赴山东临沭、江苏赣榆执行，均未能查找到被执行人可供执行的财产。2019年10月，江苏省苏州市吴中区人民法院立案恢复执行，经多次查询仍未能查到被执行人财产情况，再次前往山东临沭、江苏赣榆执行亦未果。上述案件穷尽执行措施后仍执行不能，未执行到位金额总计358万余元。

上述案件中的申请执行人有多名老人和未成年人，无生活来源，基本生活难以维系。江苏省苏州市吴中区人民法院在收到当事人提交的司法救助申请后，分别于2014年2月、2015年3月、2017年2月、2019年2月、2020年1月，分期向5个死者家庭发放执行救助款共计30万元，但因司法救助金额有限，案件始终无法执行到位，多个家庭仍无法摆脱困难并多次赴省信访。为此，江苏省高级人民法院决定启动三级法院联动救助机制，并向江苏省委政法委汇报，江苏省、市、区三级党委政法委、法院迅速召开刘某某系列案件信访化解专题会议，经研究会商，5 个死者家庭因交通事故损失特别重大，生活特别困难，合法权益始终未得到有效维护，为维持其家庭正常生活，妥善平息社会矛盾，按照司法救助规定，应给予刘某某等人最大限度的司法救助，由三级党委政法委、法院进行联合救助，确定联合救助金额 150 万元。同时，经向刘某某等人进行释法明理，5 个死者家庭均承诺息诉罢访。2021 年，该案通过司法救助方式成功化解，江苏省苏州市吴中区人民法院将到位的救助资金分批向各死者家庭予以发放，2021 年 9 月，该院执行局局领导对获得救助的家庭进行回访，当事人均对人民法院通过联合救助方式解决纠纷表示感谢。

【典型意义】

本案是省、市、区三级法院紧紧依靠各级党委政府支持，运用联合救助方式妥善化解信访积案的典型案例。本案所涉交通事故造成 5 人死亡的严重后果，被执行人无力履行，申请执行人多个家庭生活陷入极度困难，并为此多人多次信访。江苏三级法院及时运用国家司法救助制度，畅通上下级法院执行联动救助渠道，积极协调争取更多的司法救助资金，提升司法救助额度，缓解基层法院资金不足难题，使因案致贫的多个家庭走出困境，以实际行动解决人民群众急难愁盼问题，最大限度化解信访矛盾，保障社会和谐稳定，体现了司法救助扶危济困的价值追求。

案例3 灌南县某房地产公司系列信访案

——房地产开发商资金断裂，大量预售商品房无法完成交付，买受人集体上访。江苏省灌南县人民法院创新“附条件托管”制度促化解

【基本案情】

江苏省灌南县人民法院自2016年起，立案受理原告李某等人分别起诉被告灌南县某房地产公司商品房销售合同纠纷、建设工程施工合同纠纷、金融借款合同纠纷共31件案件，案涉金额达6000多万元，其中金额最大的为原告连云港某建设公司诉被告灌南县某房地产公司建设工程施工合同纠纷一案。

2016年1月，被告灌南县某房地产公司将自己开发的总面积约为46700平方米的商业用房和面积约为2600平方米的地下人防工程承包给原告连云港某建设公司施工建设，工程总价为6700万元。合同签订后，连云港某建设公司按约进行施工，施工过程中，灌南县某房地产公司一直变更相关要求，双方于同年11月20日签订了建设工程施工补充协议，建筑总面积变更为5万平方米，总价款变更为8500万元，工程付款方式变更为20#、21#楼达到二层时，灌南县某房地产公司付款2000万元，建设到五层时，付至3000万元，建至九层时付至4000万元，20#、21#楼竣工验收时付至总造价的97%。在连云港某建设公司已建超过9层时，灌南县某房地产公司未能按约定的进度支付工程款。连云港某建设公司于2017年1月13日起诉，要求灌南县某房地产公司暂支付原告

工程款4000万元。案件审理过程中，经江苏省灌南县人民法院主持调解，双方当事人自愿达成如下协议：被告灌南县某房地产公司于2017年1月20日前支付原告连云港某建设公司工程款4000万元。另外，原告连云港某建设公司通过江苏省灌南县人民法院（2016）苏0724财保141号民事裁定保全被告灌南县某房地产公司所有的龙都花园三期的相关房产，享有了对其优先受偿的权利。

被告灌南县某房地产公司除无法支付连云港某建设公司工程款、无法偿还对其他债权人的融资款外，因资金断裂，其房地产开发项目不得不停工，大量已经预售的商品房无法完成交付，但这部分商品房买受人并未通过民事诉讼方式维护自身合法权益，而是采取至灌南县人民政府集体上访的方式，试图挽回自身的损失，更有商品房买受人至北京找中央机关上访。

灌南县某房地产系列民事案件判决先后生效，因该公司未主动履行法律文书确定的义务，申请执行人先后向江苏省灌南县人民法院申请执行，其中最大的债权人连云港某建设公司最先于2017年1月22日向江苏省灌南县人民法院申请执行。立案执行后，执行法院向被执行人送达执行通知书、报告财产令等执行文书，执行指挥中心发起网络查控，实施团队对被执行人进行传统查控。2017年2月5日，执行法官对被执行人灌南县某房地产公司开发的建设工程进行了现场勘察，了解开发楼盘的完成情况并向部分商品房买受人调查商品房交付情况。2017年6月6日，执行法官接待了部分案涉信访群众，了解到案涉三期建设工程尚未完工，已预售的房产因水电等附属工程不完善而无法进行交付且无法办理产权变更登记手续，致信访群发。2017 年 9 月 27 日，向供水、供电、人防、税务、住建等多部门了解被执行人欠费情况。2018 年年初，召开债权人会议，通报本案情况。2018 年 4 月 27 日，召开首次被执行人、债权人代表、信访群众代表会议，充分进行沟通协调，但因各方之间矛盾较大，未就案涉财产处置方案达成一致意见。执行法院综合各方因素，认为案涉三期工程暂不宜处置。2019 年，执行法院又多次组织召开各方代表会议，仍未能达成一致意见。故执行法院依法对灌南县某房地产公司所有的剩余未开发的土地使用权进行了询价，2020 年9 月 22 日，询价结果为：灌南县某房地产公司所有的土地使用权总价为 5620500 元，钢筋混凝土预应力桩基础总价为 1341000 元。无论是执行法院预判之被执行人资产价值还是实际询价结果，被执行人所有可处置资产根本不足以偿付向江苏省灌南县人民法院申请执行的申请人的债权，遑论尚未导入司法程序的大量信访房屋买受人之权益保护。并且，如果将该地块拍卖，所有权人变更后，因行政法规定楼间距等问题，新所有权人使用该地块建设建筑物数量将少于原可以建设数量，且原先已经快要施工完成的工程项目也会因为再没有资金注入而彻底变成“烂尾楼”，债权人实现利益与债务人付出的代价不符合比例原则。

执行法院积极争取党委政府的支持，积极与申请执行人、被执行人沟通，2020 年，多次召开多方主体参加的联席会议，探索创新和解模式，最终达成采用申请执行人托管被执行人可处置资产以及债务的方式，兼顾各方当事人的利益诉求的方案。2020 年 12 月 17 日，被执行人灌南县某房地产公司与连云港某建设公司、孟某元（申请执行灌南县某房地产公司的第二大申请执行人）达成和解托管协议。和解托管协议约定，灌南县某房地产公司将前期的扫尾工作及 22#、23#、24#共三幢楼的开发事宜以及建筑安装、房屋销售及整体小区的收盘全部委托给债权人连云港某建设公司、孟某元经营管理，涉及土地使用权后期开发的房产中，以 2020 年 11 月 19 日执行法院确定的土地评估价作为其抵偿债权人债务的资产，灌南县某房地产公司对该土地上新建楼盘不享有任何财产权益，不参与新建房产销售利润分配，申请执行人连云港某建设公司、孟某元与被执行人灌南县某房地产公司债权债务关系消灭，且二申请执行人承受灌南县某房地产公司欠政府债务 1100 万元，员工工资 235 万元，经执行法院判决和调解生效的债务 450 万元。和解托管协议已在履行过程中，案涉土地上工程项目已经施工建设，上访群众也已经息访。

2021 年，执行法院对案涉三期工程施工情况、相关债权的履行情况、完工商品房交付等情况进行了跟进回访，目前和解托管协议履行良好。

【典型意义】

在灌南县某房地产公司附条件托管系列案件执行过程中，江苏省灌南县人民法院充分发挥政府有关部门的协调、组织作用，与申请执行人、被执行人保持良性沟通，克服诸多执行难点，有效衔接司法审判权与行政审批权，创新运用附条件托管被执行人债权债务的模式，善意文明执行，最大限度实现胜诉当事人的合法权益，充分发挥了执行职能作用，有效推动了法治化营商环境建设，对于推进国家治理体系和治理能力现代化、推进社会诚信体系建设起到了积极作用。

案例 4 王某某申请个人债务重整信访案

——被执行人王某某身负巨额债务长达 20 余年，浙江省遂昌县人民法院积极引入个人债务重整制度，成功化解王某某系列债务纠纷

【基本案情】

2014 年 12 月 24 日，浙江省遂昌县人民法院立案执行申请执行人叶某某和被执行人王某某民间借贷一案，执行标的额 190000 元。执行过程中，该院通过“点对点”财产查询、线下调查等方式，均未发现被执行人王某某有可供执行的财产。2015 年 6 月 9 日，该院将王某某纳入失信被执行人名单，并对该案予以程序终结。此后，该院又陆续立案执行王某某为被执行人的案件 10 件，累计执行标的额达 260 余万元，均以程序终结结案。

浙江省遂昌县人民法院在王某某系列案件执行过程中发现，王某某早年因做工程失败而背负 300 余万元巨额债务，拖欠至今已长达 20 余年。由于债务多、金额大，尤其是逾期

利息逐年增加，加之自2002年起王某某母亲生病瘫痪在床需人照顾，长期以来王某某一边照顾母亲，一边靠打零工维持基本生活，根本无力清偿巨额债务，也没有偿还债务的想法。每当债权人上门讨债时，他就四处逃避，因此多次遭到债权人的威胁甚至殴打。有的申请执行人因未能执行到款项，就迁怒于法院，认为法院执行不力，到处向有关部门信访。

2020年下半年，浙江省遂昌县人民法院被浙江省高级人民法院确定为全省个人债务集中清理试点法院，探索开展个人债务集中清理工作。2021年4月，因王某某父亲（已故）的房产被征迁，王某某继承了237万元拆迁款。2021年4月21日，王某某在得知浙江省遂昌县人民法院正在试行通过个人债务重整一揽子解决债务的做法后，为了彻底解决自己长达20多年的债务问题，不再过四处躲债、担惊受怕的日子，便主动向该院提交了个人债务重整申请书。

申请个人债务重整期间，除已进入执行程序的11件案件外，王某某还主动申报了未进入司法程序的32笔债务，这些债务大部分已过诉讼时效。重整过程中，浙江省遂昌县人民法院审查确认王某某对外欠债355万余元，可分配款项为237万元，由于债权人之一的遂昌县某商业银行以内部规定不允许为由不愿作出让步，导致重整陷入僵局。为妥善化解矛盾，该院多次与遂昌县某商业银行等债权人进行沟通协调，最终促使遂昌县某商业银行修改内部规定，并组织各方债权人就债权受偿比例达成一致。成功达成协议后，遂昌县某商业银行表示该行将以此案为一个起点，依托浙江省遂昌县人民法院个人债务重整制度对其个人不良贷款处置机制进行全面改革，力争在最大程度实现其自身不良贷款回收的同时，帮助更多债务人摆脱债务危机过上正常生活，实现整体共赢。

2021 年 6 月 21 日，各方债权人正式达成按一定比例受偿的重整方案。2021 年 6 月 24 日，浙江省遂昌县人民法院将全部执行款项汇至各债权人银行账户。2021 年 6 月 25 日，该院作出终结申请人王某某的个人债务重整程序的裁定，对王某某为被执行人的 11 件案件全部以执行完毕方式结案，并解除对王某某的所有强制执行措施。至此，长达 20 余年的王某某系列债务案得以圆满化解。

【典型意义】

2019 年 2 月 27 日，最高人民法院在《关于深化人民法院司法体制综合配套改革的意见》中首次提出研究推动建立个人破产制度。本案系浙江省遂昌县人民法院积极引入个人债务重整制度成功化解信访矛盾纠纷的典型案例。浙江是民营经济大省、改革开放先行省份，浙江法院在个人破产领域实践先行，自 2018 年起开展试点探索个人债务集中清理工作。2020 年 12 月 2 日，在全面总结试点经验的基础上，浙江省高级人民法院出台《浙江法院个人债务集中清理（类个人破产）工作指引（试行）》，将“有履行能力而拒不履行生效法律文书确定义务”的债务人与“诚实而不幸”的债务人予以区分，对前者采取强制执行措施，对后者可以通过个人债务集中清理进行集中执行，让债务人从债务的“锁链”中解脱出来。个人债务集中清理工作实现了个人破产制度与强制执行制度的充分衔接，具有债务人“破产保护”、债权人公平清偿、教育和风险警示等作用，有利于促进市场经济健全运行和完善社会主义市场经济法律体系。本案中，浙江省遂昌县人民法院为畅通执行不能案件依法退出路径，积极开展具有个人破产制度性质的“个人债务重整”工作，为后续个人破产制度立法提供了重要的实践素材和浙江样本。

案例5 汪某申请强制执行民间借贷信访案

——针对被执行人无财产可供执行，申请执行人债权无法执行到位，导致系列执行案件同时陷入僵局情况，安徽省定远县人民法院联合该县工业园区管委会，向该县县委、县政府作专题汇报，争取支持，由该县县委、县政府协调县城投公司收购上述“僵尸企业”资产，系列案件最终得以顺利执结

【基本案情】

汪某与汪某某民间借贷纠纷一案，安徽省定远县人民法院作出民事调解书，确认汪某某向汪某分期支付借款 76 万元。调解书生效后，汪某某未履行还款义务，汪某申请法院强制执行。执行中，安徽省定远县人民法院查明汪某某作为被执行人无财产可供执行，但作为另案申请执行人，却有较多未执行到位的债权案件在法院执行。经梳理，汪某某申请

执行郭某某一案标的额较大，而郭某某作为申请执行人申请执行某化工公司一案，该化工公司在定远县工业园区有厂房及相关设备尚未处理。另查明，上述化工公司因不符合国家相关环保政策已关停多年，其厂房和设备经法院拍卖无人购买而流拍，几起案件执行均陷入僵局，汪某也因案件无法执行到位多次信访。

经多番走访调查，安徽省定远县人民法院得知当地县政府为清理“僵尸企业”出台了“腾笼换鸟”相关政策，有意征收位于县工业园区内的上述化工公司土地。为破解执行难题，安徽省定远县人民法院积极与该县工业园区管委会联系，联合向县委、县政府作系列执行案件化解专题汇报。县委、县政府召开协调会，协调同意由县城投公司按变卖价收购上述化工公司资产，收购程序结束后，县城投公司如约将收购款汇入法院执行款账户。2021 年 5 月，上述系列案件得以顺利执结。

【典型意义】

本案是安徽省定远县人民法院紧紧依靠当地党委政府，实施府院联动成功化解涉执信访的典型案例。如何化解“僵尸企业”带来的系列案件是当前人民法院面临的一项难题，自安徽省加入“长三角一体化”后，定远县县委、县政府加大招商引资力度，引进不少外地企业进驻县工业园区，工业园区土地供应紧张，这为处理“僵尸企业”提供了良好契机。安徽省定远县人民法院抓住机遇，多方协调，与县工业园区管委会联合行动，向县委、县政府作专题汇报，寻求帮助，顺利解决困扰多年的涉执信访矛盾，也成功盘活闲置国有资产。

案例6　焦某申请执行机动车交通事故赔偿款信访案

——被执行人企业为了规避执行，雇佣老弱村民为法定代表人，鄂托克旗人民法院向辖区工商行政管理局发出司法建议，要求予以整顿，促使案件顺利执结

【基本案情】

焦某与党某、党某海、沧州某运输队（个人独资企业）机动车交通事故责任纠纷案，2013年1月18日，鄂托克旗人民法院作出民事判决，判令党某海支付焦某581464.95元赔偿款，党某、沧州某运输队与党某海承担连带赔偿责任。判决生效后，党某海、党某、沧州某运输队未履行判决义务。2014年7月15日，焦某申请法院强制执行。执行过程中发现，被执行人党某因本案事故在监狱服刑，被执行人党某海下落不明，被执行人沧州某运输队注册时的住所地与实际经营地址不符，无法查找到公司及负责人，且没有可供执行的财产，本案于2015年1月5日终本结案。

2017年5月15日，鄂托克旗人民法院得到线索，当时的肇事车辆（已报废）还扣押在高速公路管理局，随即对本案恢复执行，并通过评估、拍卖、变卖程序对该车辆进行处置，

但均流拍，申请执行人焦某也不同意前来法院接收车辆以物抵债。本次交通事故中，申请执行人焦某也造成他人伤亡，需要赔付，另案申请执行焦某的两件执行案件也均未履行完毕，焦某怕亲自过来法院处理案件将被法院采取强制执行措施，且另案两个申请执行人也不同意以物抵债上述肇事车辆。2018 年 4 月 25 日，法院依法向三被执行人发出限制高消费令，并将其纳入失信被执行人名单。2018 年 12 月 12 日，执行干警前往被执行人户籍地调查发现，被执行人党某海已去世，且无可供执行的财产，因此陷入困局，于 2018 年 12 月 29 日再次以终本方式结案。

2020 年 6 月 20 日，申请执行人焦某向鄂托克旗人民法院提交书面申请，要求追加被执行人沧州某运输队的原投资人周某峰及现投资人周某胜为本案被执行人。2020 年 8 月 6 日，鄂托克旗人民法院裁定追加周某峰及周某胜为本案被执行人，承担被执行人沧州某运输队应承担的义务，但因未查到其名下有可供执行的财产，故再次终本。

2020 年 11 月 23 日，申请执行人焦某持追加被执行人裁定书再次申请恢复执行。鄂托克旗人民法院依法向被执行人送达了执行通知书、报告财产令等法律文书，且及时通过网络查控手段对被执行人财产线索进行查询，但仍未查到可供执行的财产。

申请执行人焦某在 2021 年第一批政法队伍教育整顿开展后，向督导组反映此案未能执行到位。收到信访案件转办后，鄂托克旗人民法院党组高度重视，指派分管执行工作的院领导带头执行，经现场深入调查发现，此前被追加的被执行人系受被执行人沧州某运输队雇佣担任法定代表人，为当地村民，而非实际投资人和经营人。因此，鄂托克旗人民法院于2021 年 5 月 1 日向被执行人沧州某运输队辖区工商行政管理局发出司法建议，要求对该运输队变更住所地未备案及法定代表人不符合法律规定的情况及时予以整顿。该运输队主动承认错误，于 2021 年 5 月 12 日汇入本案“一案一账户”案款 583966.31 元，本案顺利执行完毕，且以焦某为被执行人的其他两件关联案件均顺利执结，申请执行人也都得到了赔偿款。

【典型意义】

本案从执行不能到执行完毕历时 7 年，但最终得以圆满解决，是法院及时调整工作思路，积极采取多方联动，综合运用各项措施，不断加大执行力度的集中体现。既有力维护了当事人的合法权益，也避免了产生新的信访案件，对维护群众利益和地区和谐稳定具有积极意义。

案例 7　王某申请强制执行借款信访案

——以履行债务的主要责任人为切入点，化解矛盾纠纷

【基本案情】

2008 年，福建省厦门市中级人民法院受理王某诉某公司

民间借贷纠纷一案，并依王某的申请，足额保全冻结某公司银行账户 1667 万元。该案经一审、二审，均判决驳回王某的全部诉讼请求。福建省厦门市中级人民法院遂解除了保全冻结。王某申请再审，最高人民法院经提审后判决支持了王某的诉讼请求。王某据此于 2016 年 5 月申请强制执行。但此时，某公司账户中已无分文，名下位于江西省九江市的房产亦转移登记至原法定代表人林某的女儿名下。历经 8 年取得的胜诉判决却无法兑现，王某情绪激动，多方反映对解除保全的不满。福建省厦门市中级人民法院多次向王某释明，并引导其就某公司转移财产的行为另行提起撤销权之诉。撤销权诉讼历经江西省九江市中级人民法院、江西省高级人民法院一审、二审并进入执行程序。2019 年 6 月，撤销权判决履行完毕，某购物中心负一楼停车位的备案登记恢复至被执行人某公司名下。

在变更备案登记过程中，福建省厦门市中级人民法院为尽早实现申请执行人王某的合法权益，于 2019 年 3 月、4 月两次先行发函江西省九江市房地产管理部门，征询拍卖车位的相关事宜。2019 年 7 月，江西省九江市房地产管理部门函复福建省厦门市中级人民法院，某购物中心负一层因规划未计容，不能办理车位不动产转移登记手续。为此，福建省厦门市中级人民法院派员与江西省九江市房地产管理部门进一步协商车位拍卖问题，但未果。福建省厦门市中级人民法院立即改变执行方案，提取承租人的租金 334000 元。因执行到位的租金与执行标的额相距甚远，而执行标的因无法办理产权证，价值大打折扣，执行陷入僵局。王某遂不断上访、信访，言辞激烈。

福建省厦门市中级人民法院数次研讨案情，制定了以影响债务履行的主要责任人（原法定代表人）林某为切入点的执行方案。一是启动对车位的处置程序，张贴腾房公告，向被执行人施加压力；二是对林某采取了限制消费、限制出境等措施，迫使其走到了面对问题的第一线；三是组织执行和解，以期最大化实现申请执行人合法权益。历经数月的背靠背和解，福建省厦门市中级人民法院把限购政策、税收承担、房产交付、权属变更、债权债务结算等问题都一一解决后，终于促成王某与林某、某公司在 2021 年 11 月签订了和解协议。林某以自有房产为某公司代偿债务，并于协议签订当日办理了房产交付及产权变更登记手续。2021 年 11 月 9 日，王某拿着刚到手的房屋权属证书到福建省厦门市中级人民法院制作笔录，明确表示长达 14 年的纠纷终于得到了圆满解决，其所有针对诉讼、执行的上访都同意息诉息访，感谢执行法院的努力付出。

【典型意义】

本案是以履行债务的主要责任人为切入点，化解矛盾纠纷的典型案件。案涉纠纷历时 14 年，横跨两省三级法院，且生效判决又因依法解除保全冻结造成执行不能。福建省厦门市中级人民法院立足解决问题的根本点，采取富有针对性的执行措施，最终促成各方当事人达成执行和解并及时履行完毕。该案的顺利执结，化解了当事人长达14年的心结，让各方当事人都对法律产生敬畏之心，也有了信赖之感，取得了良好的法律效果和社会效果。

案例8　善意解封助推涉众欠薪案件执结案

——广东法院认真贯彻《工资支付条例》，及时兑现工人工资债权

【基本案情】

中山市某制衣厂因拖欠工人工资而被起诉，广东省中山市第一人民法院共受理相关案件64件，涉及457名工人工资503万余元。2020年9月，广东省中山市第一人民法院查封了中山市某制衣厂的成品及设备。经核实，查封财产中包含由案外人某公司提供原材料、制衣厂负责代工的产品。因案外人急需将成品衣在国庆黄金周售卖，经广东省中山市中级人民法院、中山市人社局等多方协调并经绝大多数工人同意，广东省中山市第一人民法院裁定解除对上述财产的查封，案外人随后将100万元案款转至法院账户，广东省中山市第一人民法院组织对364名工人工资按50%比例先行发放。此后，该院坚持“优先立案、优先执行、优先发放执行款”原则，继续采取执行措施，于2021年1月、9月分别执行到位217万余元、120万余元，全案累计执行到位439万余元，工人工资受偿比例达84%以上，工人普遍感到满意。

【典型意义】

该案是广东法院认真贯彻《工资支付条例》，及时兑现工人工资债权的典型案例。该案执行过程中，执行法院坚持善意文明执行，巧用“活水养鱼”查封措施，盘活企业资产，将疫情期间民营企业解决欠薪问题纳入“六稳”“六保”工作范畴，在尽最大可能兑付欠薪工人工资的同时，帮助欠薪企业恢复生产，走出困境。

案例9 某农信社申请强制执行抵押土地信访案

——被执行的抵押土地已部分开发房屋并销售完毕，查封土地引起购房业主信访，广西壮族自治区柳州市中级人民法院发挥联动机制、创新执行方式妥善解决

【基本案情】

某农信社与某公司借款合同纠纷一案，广西壮族自治区柳州市中级人民法院作出的（2018）桂02民初2号民事判决生效后，某农信社依据该判决向该院申请强制执行，要求某公司偿还借款本金28190937.47元、罚息4085131.48元（暂计至2018年9月4日），拍卖、变卖设定抵押的土地使用权，从所得价款中优先受偿。广西壮族自治区柳州市中级人民法院在执行中发现，该土地已进行了部分开发，建成26栋商品房并销售完毕。因土地使用权上设定有抵押且被

查封，已购房的数百户业主一直未能办理产权证，长期向柳州市国土部门、城区政府上访，要求法院解封土地，给购房业主办证。若不解封、强制执行拍卖抵押的土地使用权，已购房业主的房屋产权不能实现。但若解封，被执行人无其他财产可供执行，申请执行人的债权得不到保障，农信社的金融债权无法回收。而且，该土地使用权未被开发的部分，多年来处于闲置状态，不及时处置会造成土地资源的巨大浪费。广西壮族自治区柳州市中级人民法院充分发挥主观能动性，在对土地现状和价格进行细致调查评估、与不动产管理部门探讨、并与当事人进行充分沟通的基础上，创新提出了对案涉土地使用权分割处理的方案：即注销原来的土地证，对已开发部分和未开发部分，分别办理两本土地使用权证，对未开发的土地进行拍卖，得款偿付申请执行人农信社；对已开发的土地进行解封，让购房业主办理产权证书。为有效落实该方案，广西壮族自治区柳州市中级人民法院积极主动向广西壮族自治区高级人民法院和柳州市市委市政府报告，在广西壮族自治区高级人民法院和柳州市委市政府的组织协调下，金融管理和不动产管理部门与相关法院联动，顺利解决了土地使用权证分割、财产处置权移交问题。土地处置范围明确后，广西壮族自治区柳州市中级人民法院依法对该土地使用权采取了拍卖措施，并于 2021 年 4 月 20 日以最高价 4375 万元拍卖成交，所得价款在预留相关税费后已及时向农信社发放。另一方面，数百户购房业主目前已经全部办理房屋产权证；被拍卖的土地在成交后也进入了开发阶段。

【典型意义】

该案通过灵活的执行处置方式，既化解了购房业主的信访难题，用实际行动践行了“我为群众办实事”，取得了较好的社会效果。同时，也保障了申请执行人的债权，实现了金融债权的顺利回收，还“救活”了闲置土地，为优化法治营商环境，服务当地经济社会高质量发展作出应有贡献，达到了“双赢”的效果。该案也是广西壮族自治区高级人民法院组织开展的涉农村合作金融机构未结执行案件“百日攻坚”活动效果的有力体现。

案例 10 阳某、韦某璋申请强制执行投资款及资金信访案

——协助执行人不履行协助义务，贵州省黎平县人民法院出具《预罚款决定书》促使案件顺利执结

【基本案情】

阳某、韦某璋申请执行贵州省黎平县某石料公司合同纠纷一案，2020 年 8 月，贵州省黎平县人民法院作出民事判决，判令贵州省黎平县某石料公司支付原告阳某投资款及资金占用费等 1460000 元及利息、支付原告韦某璋投资款及资金占用费等 1500000 元及利息。贵州省黎平县某石料公司不服，遂向贵州省黔东南州中级人民法院上诉，该院作出二审

判决，维持原判。判决生效后，贵州省黎平县某石料公司未履行生效法律文书确定的义务。2021 年 1 月，阳某、韦某璋向法院申请强制执行。执行过程中，贵州省黎平县人民法院对被执行人被保全银行账户内的存款 1044521.81 元予以强制扣划。同年 3 月 15 日，贵州省黎平县人民法院依法对被执行人在第三人贵州某实业公司的 1963369 元债权款进行扣划，第三人贵州某实业公司以公司资金周转困难为由，请求法院给予时间筹款支付。该案承办法官充分考虑到第三人系黎平县重点企业，强制提取可能给第三人造成资金周转困难，同意第三人于 2021 年 5 月 30 日前缴清上述款项。在协助执行期限即将届满之前，贵州省黎平县人民法院又向第三人送达了风险告知书，第三人仍拒不协助将 1963369 元债权款汇入指定账户。2021 年 6 月 4 日，贵州省黎平县人民法院将《预罚款决定书》送达第三人，该公司才将 400000 元汇入指定账户，并承诺 5 天后将剩余 1563369 元付清，若到期没付清，自愿承担一切法律后果。2021 年 6 月 9 日，第三人将被执行人在该公司的剩余债权款 1563369 元汇入指定账户，该案得以顺利执行完毕结案。

【典型意义】

贵州省黎平县人民法院在办理本案过程中，认真贯彻落实善意文明执行理念，既维护了胜诉当事人的合法权益，又兼顾了辖区内重点企业的经营发展，既获得了申请执行人的赞赏，又维护了黎平县良好的营商环境，取得了政治效果、法律效果与社会效果的有机统一。

《信访工作责任制实施办法》追责问责典型案例剖析（一）[①]

典型案例　因没有科学民主决策、依法履行职责而受到问责的情形

【基本案情】

案例1基本案情：

2016年10月，G省B市N县27名信访人到最高检门前集体上访，反映N县建设火车站站前广场中存在违法强拆及安置补偿标准低等问题，其中15人自残。经查，信访人反映情况基本属实。N县政府在项目建设中存在以下问题：一是在项目尚未取得正式立项审批手续情况下便突击抢拆、抢建；二是未依法按征收决定通告履行征收程序，当日公告、次日就强拆；三是没有根据该区域房屋性质区别对待、分类处理，在未签订协议的情况下全部强行拆除，一个多月后才向被强拆户作出拆除房屋的处理意见；四是对被强拆户反映的诉求没有及时回应、认真处理。为此，B市责令N县县委和县政

---

① 国家信访局：《〈信访工作责任制实施办法〉追责问责典型案例剖析（一）》，载国家信访局网站，https：//www. gjxfj. gov. cn/gjxfj/xfgj/pgt/webinfo/2019/04/1590610821565323. htm。

府作出书面检查并加以整改，对N县县委书记彭某进行诫勉谈话，对县长许某、副县长鲍某给予记大过处分，对县委常委、县委政法委书记、县公安局局长赵某给予党内警告处分。N县对县规划局主要负责人给予免职，并对相关单位的有关负责人分别给予党内警告处分、通报批评。

案例2基本案情：

2017年2月，H省Q市信访人罗某等人信访反映，该市电网改造，全市居民享受国家惠民用电政策，平均用电价格为0.55元/度。但信访人所在街道的10余个小区3万多居民用电价格高达0.85至1.2元/度，多次向有关部门投诉，一直得不到解决。经查，信访人反映问题属实。2016年省物价局就出台相关文件，对全省电价实行目录清单管理，但Q市物价局没有及时传达、执行该文件，也没有将信访人所在街道的高电价纠正为目录电价，市经信委、街道办事处等单位也存在消极懈怠、推诿拖延等问题，致使该地区居民用电价格明显高于目录电价，群众合法权益受到侵害。为此，Q市纪检部门启动责任追究，对时任市物价局党组书记、局长张某，副局长周某，价格科科长王某和市经信委卫某给予党内警告处分，对其他相关负责人也分别进行诫勉谈话。

【案例点评】

信访工作重在源头，源头预防重在决策，制定和落实决策重在依法合规。从信访工作实践看，信访问题大多数属于利益诉求，很多问题的产生都与不依法决策、不依法行政、人为制造或激化矛盾有关。因此，做好信访工作，必须要从源头着手，督促各级各部门进一步落实源头预防信访问题的责任，切实增强科学民主决策意识，严格执行群众纪律，认真履行工作职责，不断提高依法依规办事水平，这样才能从根本上有效预防和减少因不作为、慢作为、乱作为而引发的社会矛盾。

【法条链接】

《信访工作责任制实施办法》第四条第一款 各级党政机关应当将信访工作列入议事日程，定期听取工作汇报、分析信访形势、研究解决工作中的重要问题，从人力物力财力上保证信访工作顺利开展；应当科学、民主决策，依法履行职责，从源头上预防和减少导致信访问题的矛盾和纠纷。

《信访工作责任制实施办法》第十一条第一款第一项 各级党政机关及其领导干部、工作人员不履行或者未能正确履行本办法所列责任内容，有下列情形之一的，应当追究责任：

（一）因决策失误、工作失职，损害群众利益，导致信访问题产生，造成严重后果的；

《信访工作责任制实施办法》追责问责典型案例剖析（二）[①]

典型案例　违反信访工作法定程序、损害信访群众合法权益的情形

【基本案情】

案例 1 基本案情：

2016 年 12 月，A 省 B 市 W 县信访人马某赴省走访后，责任单位 C 镇虽然开展了调查核实工作，但没有在《信访条例》规定的办理时限内回复信访人，也没有相关工作人员向信访人送达受理告知书和处理意见书。2017 年 4 月，马某上访，称未收到当地政府的处理意见。针对这一问题，W 县对履职不到位的相关单位和责任人进行问责，对 C 镇和县信访局进行通报批评，对 C 镇党委副书记、人大主席、副镇长进行诫勉谈话，对 C 镇综治办相关责任人给予了相关处分。

案例 2 基本案情：

2018 年 3 月，H 省 X 市 L 县一国有企业临时工作人员邓

---

① 国家信访局：《〈信访工作责任制实施办法〉追责问责典型案例剖析（二）》，载国家信访局网站，https：//www. gjxfj. gov. cn/gjxfj/xfgj/pgt/webinfo/2019/04/1590610821561980. htm。

某到县信访局上访，反映本人编制及工作待遇问题。该县县委书记接待群众来访后作出批示，要求该企业做好相关工作，解决群众提出的合理诉求。随后，县信访局正式发函交办，但该企业无正当理由，将信访件退回，并多次拒绝办理。针对这一问题，L县委督查室印发督办通报，对该企业负责人许某在全县范围内通报批评，县监察委对许某进行诫勉谈话。

【案例点评】

这是两个因未按照规定受理、交办、转送和督办信访事项，或者不执行信访事项处理意见，严重损害信访群众合法权益而被问责的典型案例。信访是宪法赋予公民的权利，做好信访工作的过程就是依法维护人民群众合法权益，保障人民群众知情权、参与权、表达权和监督权的过程。在《信访条例》中，已经对信访事项如何提出、提出后如何受理、受理后如何办理和督办作出了明确规定，这一工作链条既是信访工作的基本运行程序和规范要求，也是解决和化解信访问题的基本支撑。对群众提出的信访诉求，有关地方和部门应当严格按照《信访条例》的规定程序予以处理和解决，否则就要承担相应的法律责任。

【法条链接】

《信访工作责任制实施办法》第二条　本办法所称党政机关，包括党的机关、人大机关、行政机关、政协机关、审判机关、检察机关。

各级党政机关派出机构、直属事业单位以及工会、共青团、妇联等人民团体适用本办法。

国有和国有控股企业参照本办法执行。

《信访工作责任制实施办法》第五条第一款 各级党政机关工作部门对属于本部门职权范围内的信访事项，应当依照有关法律法规规定和程序，及时妥善处理。

《信访工作责任制实施办法》第七条 各级信访部门应当在党委和政府的统一领导下，协调、指导和监督本地区的信访工作，依照法定程序和诉讼与信访分离制度受理、交办、转送和督办信访事项，协调处理重要信访问题，分析研究信访情况，提出改进工作、完善政策和给予处分的建议。

《信访工作责任制实施办法》第十一条第一款第二项 各级党政机关及其领导干部、工作人员不履行或者未能正确履行本办法所列责任内容，有下列情形之一的，应当追究责任：

（二）未按照规定受理、交办、转送和督办信访事项，或者不执行信访事项处理意见，严重损害信访群众合法权益的；

《信访工作责任制实施办法》追责问责典型案例剖析（三）[①]

典型案例　**违反群众纪律，对应当解决的群众合理合法诉求消极应付、推诿扯皮，或者对待信访群众态度恶劣、简单粗暴，损害党群干群关系，造成严重后果的情形**

【基本案情】

案例 1 基本案情：

2018 年 3 月，G 省 K 市 M 县 T 乡居民罗某到国家信访局走访，反映当地修建高速公路，施工方未经其同意强行占用其土地，以及 T 乡某工程建设征用约 20 亩山林未给予补偿等问题。经查，罗某曾于 2017 年 11 月到 M 县信访局上访反映同一问题。2018 年 1 月，责任主体 T 乡政府出具答复意见书，认定信访人反映问题属实，承诺于 2018 年 2 月 15 日前解决，但是迟迟没有兑现。对此，M 县启动追责问责程序，对 T 乡党委副书记、乡长刘某以及相关负责人邢某给予通报

① 国家信访局：《〈信访工作责任制实施办法〉追责问责典型案例剖析（三）》，载国家信访局网站，https：//www. gjxfj. gov. cn/gjxfj/xfgj/pgt/webinfo/2019/04/1590610821559717. htm。

批评，并要求 T 乡认真研究，尽快解决信访人合理诉求。

案例 2 基本案情：

G 省 L 州 D 县是国家级贫困县，为改善出行环境、造福当地居民，G 省专门修建了一条二级公路。但是这条总投资近 16 亿元的扶贫公路，却存在着工程质量差、有严重安全隐患等问题。此事引起了相关媒体记者的关注，带着相关报告前往这条公路的上级主管部门——G 省交通厅，却被门口的保安拦了下来，保安说“不属于我们交通厅能管的事情”，“你去找交警”。记者第二次去的时候，又是等了一天，只见到保安，没有见到任何工作人员。最后，也是由保安代表交通厅，向记者宣布了处理结果。对此，G 省启动了追责问责程序，对其中存在的违反《信访条例》、推诿扯皮、态度生硬等问题，责成省交通厅党组向省委、省政府作出深刻检查，对相关责任人给予严肃处理。

【案例点评】

这是两个因违反群众纪律，对应当解决的群众合理合法诉求消极应付、推诿扯皮，或者对待信访群众态度恶劣、简单粗暴，损害党群干群关系，造成严重后果而被问责的典型案例。信访工作作为党的群众工作的重要组成部分，是党和政府联系群众的桥梁、倾听群众呼声的窗口、体察群众疾苦的重要途径。做好信访工作，加强与群众沟通，真诚倾听群众呼声，真情关心群众疾苦，真心为群众办实事、解难事，有利于切实转变思想作风和工作作风，增进干群之间的理解、信任和感情，保持同人民群众的血肉联系，增强党的凝聚力和向心力。但从当前信访工作实际看，一些地方和部门还不同程度地存在违反群众工作纪律的问题，严重损害了群众利益、伤害了群众感情。因此，《信访工作责任制实施办法》把“对应当解决的群众合理合法诉求消极应付、推诿扯皮，或者对待信访群众态度恶劣、简单粗暴，损害党群干群关系，造成严重后果的”作为应当追责的情形，就是进一步为信访工作标明红线、划出底线，用科学严密的法规制度推动各级各部门改进工作作风，做到联系群众而不脱离群众、服务群众而不损害群众、解决问题而不引发问题，真正把解决信访问题的过程作为践行党的群众路线、做好群众工作的过程。

【法条链接】

《信访工作责任制实施办法》第八条　各级党政机关工作人员在处理信访事项过程中，应当遵守群众纪律，秉公办事、清正廉洁、保守秘密、热情周到。

《信访工作责任制实施办法》第十一条第一款第三项　各级党政机关及其领导干部、工作人员不履行或者未能正确履行本办法所列责任内容，有下列情形之一的，应当追究责任：

（三）违反群众纪律，对应当解决的群众合理合法诉求消极应付、推诿扯皮，或者对待信访群众态度恶劣、简单粗暴，损害党群干群关系，造成严重后果的；

《信访工作责任制实施办法》追责问责典型案例剖析（四）[①]

典型案例 **对发生的集体访或者信访负面舆情处置不力，导致事态扩大，造成不良影响的情形**

【基本案情】

案例 1 基本案情：

常某，G 市公安局党委书记、局长。2017 年 7 月，G 市发生了下岗人员上访围堵 X 公司事件，30 余名上访人员聚众闹事，封锁公司大门。常某得知此事后，派公安局副局长李某和 5 名干警到达现场，李某等 6 人认为事态不算严重，向常某作了汇报，常某仅通过电话指挥的方式，让李某等人尽量处置，之后便没再过问该事件。24 小时后，上访人员仍未散去，李某等人向常某再次报告，常某才认识到问题的严重性，遂又增派人员，并亲自到达现场疏散人群，此时上访人员封锁 X 公司已经长达 32 小时之久。由于常某的疏忽大意、处置不当，李某等人不认真履行工作职责，措施不力，致使

① 国家信访局：《〈信访工作责任制实施办法〉追责问责典型案例剖析（四）》，载国家信访局网站，https：//www. gjxfj. gov. cn/gjxfj/xfgj/pgt/webinfo/2019/04/1590610821556040. htm。

大规模集体上访持续时间过长，在社会上造成了恶劣影响。常某在处置该问题中领导不力，负有主体责任，被给予党内严重警告处分，调离原工作岗位；李某等 6 人也受到相应纪律处分。

案例 2 基本案情：

2017 年7 月24 日，G 省 Y 市 P 县11 家公司60 余人因工程项目涉及拖欠工资等问题，在省委省政府门前聚集上访，经过耐心细致的接谈劝导工作，相关人员于当日散去。8 月 1 日，P 县公安局得到各家公司相互串联、准备次日再到省委省政府门前集体上访的信息，但并未引起足够重视、提前采取得力措施。8 月 2 日早 7 点，信访人陆续在省委省政府门前聚集，最多时达 82 人。而 P 县仅派出信访局局长、县公安局副局长及 20 余名民警在现场疏导劝解，致使处置工作乏力。直到群众来访 2 小时后，一名副县长才赶到现场。其间，正值上班高峰期，信访群众情绪激动、场面较为混乱，造成较为被动的负面影响。对此，Y 市启动问责追责程序，对 P 县政府给予通报批评，对县委常委、常务副县长李某和县委常委、公安局局长任某给予通报批评。

【案例点评】

这是两个因对发生的集体访或者信访负面舆情处置不力，导致事态扩大，造成不良影响而被问责的典型案例。从工作实践看，对发生的集体访或信访负面舆情应对不当、处置不力，绝不是因为能力不足，而是由于重视不够、怠慢忽视造成的。对集体访处置不力、对信访负面舆情置若罔闻，不仅关系到问题能否得到解决、群众利益能否得到维护，而且其带来的社会影响、引发的社会舆论，更是关乎党和国家的形象。因此，必须切实增强政治责任感和敏锐性，对发生的大规模集体上访或负面舆情，做到快速反应、妥善处置，切实把隐患消除在萌芽、把风险消弭于无形。

【法条链接】

《信访工作责任制实施办法》第六条 地方各级党委和政府在预防和处理本地区信访问题中负有主体责任，应当加强矛盾纠纷排查化解和信访风险防控预警，针对具体问题明确责任归属，协调督促有关责任部门和单位依法、及时、就地解决，并加强对信访群众的疏导教育。

《信访工作责任制实施办法》第十一条第一款第四项 各级党政机关及其领导干部、工作人员不履行或者未能正确履行本办法所列责任内容，有下列情形之一的，应当追究责任：

（四）对发生的集体访或者信访负面舆情处置不力，导致事态扩大，造成不良影响的；

《信访工作责任制实施办法》追责问责典型案例剖析（五）[①]

典型案例　对信访部门提出的改进工作、完善政策和给予处分等建议重视不够、落实不力，导致问题长期得不到解决的情形

【基本案情】

案例 1 基本案情：

2017 年 12 月至 2018 年 4 月，S 省 Y 市 X 区 B 镇某村村民因土地征迁安置问题，多次到 S 省政府门前集体上访。其间，省信访局专门向 X 区委、区政府发函督办并提出明确的工作建议，但问题始终没有得到妥善处理。2018 年 4 月 16 日，该村村民 20 多人再次到省政府门前集体上访，造成恶劣影响。针对 B 镇有关人员在处置应对村民多次越级集体上访问题中，存在的重视程度不够、矛盾排查不细、工作不深入、化解措施落实不到位等问题，X 区纪委启动追责问责程序，对 B 镇党委副书记张某、村委会主任马某给予党内警告处分。

① 国家信访局：《〈信访工作责任制实施办法〉追责问责典型案例剖析（五）》，载国家信访局网站，https：//www. gjxfj. gov. cn/gjxfj/xfgj/pgt/webinfo/2019/04/1590610821553454. htm。

案例 2 基本案情：

2017 年 11 月，X 省 H 市 Y 县 T 镇环保分局接到群众关于他人倾倒垃圾造成鱼池污染的信访举报后，认定此行为应由城管执法部门处理，因此作出不予受理的决定。一周后，该局收到 H 市环保局转来关于该问题的信访举报后，仍未开展调查，仅建议信访人向城管执法部门投诉，并出具《不予受理告知书》。其后，Y 县信访部门受理该问题，并组织督查，要求环保部门给予相应处理。但该局仍以“信访人鱼池水体未受污染”“此次违法行为应由城管执法部门处理”为由不予受理，致使问题长期得不到解决，信访人不断上访。2018 年 5 月，Y 县纪委在全县范围内通报此问题，并对 T 镇环保分局局长刘某给予党内警告处分，对县环卫办主任侯某给予诫勉谈话。

【案例点评】

这是两个对信访部门提出的改进工作、完善政策和给予处分等建议重视不够、落实不力，导致问题长期得不到解决而被问责的典型案例。《信访条例》等法规制度赋予信访工作机构“改进工作、完善政策、给予处分”的“三项建议”职责，这对于做好新时期信访工作，确保党中央关于信访工作的决策部署得到贯彻落实，树立正确工作导向具有十分重要的意义。各级各部门应当高度重视信访工作机构提出的建议。对信访工作机构提出的改进工作的建议，应当认真研究，督促有权处理信访问题的责任主体虚心接受、认真采纳、及时纠正、抓好落实；对信访工作机构提出的完善政策的建议，应当加强综合分析，从中查找有关政策执行不力、落实不到位的问题，查找政策规定不衔接、不连续、不配套、不完善的问题，并适时调整完善；对信访工作机构提出的给予处分的建议，应当认真组织调查核实，对因失职渎职造成严重后果的，依法依规严肃追究责任。

【法条链接】

《信访条例》第三十六条　县级以上人民政府信访工作机构发现有关行政机关有下列情形之一的，应当及时督办，并提出改进建议：

（一）无正当理由未按规定的办理期限办结信访事项的；

（二）未按规定反馈信访事项办理结果的；

（三）未按规定程序办理信访事项的；

（四）办理信访事项推诿、敷衍、拖延的；

（五）不执行信访处理意见的；

（六）其他需要督办的情形。

收到改进建议的行政机关应当在30日内书面反馈情况；未采纳改进建议的，应当说明理由。

《信访条例》第三十七条　县级以上人民政府信访工作机构对于信访人反映的有关政策性问题，应当及时向本级人民政府报告，并提出完善政策、解决问题的建议。

《信访条例》第三十八条　县级以上人民政府信访工作机构对在信访工作中推诿、敷衍、拖延、弄虚作假造成严重后果的行政机关工作人员，可以向有关行政机关提出给予行政处分的建议。

《信访工作责任制实施办法》第七条 各级信访部门应当在党委和政府的统一领导下，协调、指导和监督本地区的信访工作，依照法定程序和诉讼与信访分离制度受理、交办、转送和督办信访事项，协调处理重要信访问题，分析研究信访情况，提出改进工作、完善政策和给予处分的建议。

《信访工作责任制实施办法》第十一条第一款第五项 各级党政机关及其领导干部、工作人员不履行或者未能正确履行本办法所列责任内容，有下列情形之一的，应当追究责任：

（五）对信访部门提出的改进工作、完善政策和给予处分等建议重视不够、落实不力，导致问题长期得不到解决的；

《信访工作责任制实施办法》追责问责典型案例剖析（六）[①]

典型案例 ┊ 其他应当追究责任的失职失责情形

【基本案情】

2017 年 9 月，W 省信访人黄某通过 W 省网上信访举报 F

① 国家信访局：《〈信访工作责任制实施办法〉追责问责典型案例剖析（六）》，载国家信访局网站，https：//www. gjxfj. gov. cn/gjxfj/xfgj/pgt/webinfo/2019/04/1590610821549881. htm。

市T镇某中学校长孟某存在挪用公款、收受贿赂等问题，F市信访局将该信访件转送至该市教育局，教育局信访干部夏某未按程序办理，当天私自用QQ软件将该信访件转到T镇中心学校调查处理。该校主管信访工作的副校长梅某在处理过程中发生泄密。信访人随即收到了自己举报信的照片，并不断接到要求撤销举报的短信和电话。信访人对此非常不满，向F市多家部门进行反映。对此，F市纪委经过调查核实，启动追责问责程序。对负有直接责任的夏某、孟某立案审查，责令梅某及负有领导责任的市教育局办公室主任彭某和中心学校党总支书记、校长王某作出书面检讨，在全市范围内通报批评，对参与其中的1名教师刘某作出预备党员预备期延长1年处理，并对F市教育局进行全市通报批评。

【案例点评】

《信访工作责任制实施办法》中“追责情形”第六项是兜底项，主要是针对前5项追责情形中没有涵盖，但又应当追责问责的失职失责行为。这个案例反映的信访信息失密问题，就是一个典型的例子。在信访活动中，信访人的个人信息应当受到保护。信访权的行使，有的与监督国家机关及其工作人员的职务行为有关，有的是为了维护信访人的个人权益或者公共利益提出的。保障信访人的个人信息，其目的是为信访人行使权利提供更为安全的环境，避免信访人的后顾之忧。为此，信访人有权要求国家机关及其工作人员对其个人隐私、商业秘密进行保密，国家机关及其工作人员也不得泄露工作中知悉的信访人个人隐私、商业秘密，不得将信访人的检举材料及有关情况透露给被检举的人员或者单位。唯有如此，才能有效保障人民群众的信访权不受侵害。

六期《信访工作责任制实施办法》追责问责典型案例剖析就要告一段落了。我们编辑整理这些典型案例，旨在让广大党员干部以案为鉴，引以为戒，真正做到心有所畏、言有所戒、行有所止，使履职尽责、敢于担当成为广大党员干部的自觉追求，使信访工作责任得到进一步压实，从而更好地及时就地解决信访问题。今后，我们将及时梳理各地区各部门的追责问责情况，不定期进行更新。

【法条链接】

《信访条例》第四十四条 行政机关工作人员违反本条例规定，将信访人的检举、揭发材料或者有关情况透露、转给被检举、揭发的人员或者单位的，依法给予行政处分。

行政机关工作人员在处理信访事项过程中，作风粗暴，激化矛盾并造成严重后果的，依法给予行政处分。

《信访工作责任制实施办法》第八条 各级党政机关工作人员在处理信访事项过程中，应当遵守群众纪律，秉公办事、清正廉洁、保守秘密、热情周到。

《信访工作责任制实施办法》第十一条第一款第六项、第二款 各级党政机关及其领导干部、工作人员不履行或者未能正确履行本办法所列责任内容，有下列情形之一的，应当追究责任：

（六）其他应当追究责任的失职失责情形。

对前款规定中涉及的集体责任，领导班子主要负责人和直接主管的负责人承担主要领导责任，参与决策和工作的班子其他成员承担重要领导责任，对错误决策或者行为提出明确反对意见而没有被采纳的，不承担领导责任；涉及的个人责任，具体负责的工作人员承担直接责任，领导班子主要负责人和直接主管的负责人承担领导责任。